»Die besten Geschichten erzählen uns die Menschen, die uns ganz genau kennen. Und wem dazu das Selbstvertrauen fehlt, der findet hier jede Menge Hilfestellungen.«

Steve Biddulph, Bestsellerautor

SILKE ROSE WEST & JOSEPH SAROSY

ERZÄHLST DU MIR NOCH WAS?

SILKE ROSE WEST & JOSEPH SAROSY

ERZÄHLST DU MIR NOCH WAS?

Wie man spielerisch die schönsten Geschichten für Kinder erfindet

Aus dem Amerikanischen von Susanne Schmidt-Wussow
Mit Illustrationen von Rebecca Green

Kösel

Das Zitat auf S. 7 stammt aus »On the Origin of Stories«
von Brian Boyd, Cambridge, MA: Belknap Press, 2009.

Penguin Random House Verlagsgruppe FSC® N001967

Redaktion: Dr. Daniela Gasteiger
Umschlag: Weiss Werkstatt, München
Umschlagmotiv und Innenteilillustrationen: Rebecca Green
Satz: Uhl & Massopust, Aalen
Druck und Bindung: Print Consult GmbH, München
Printed in Slovakia
ISBN 978-3-466-31174-3
www.koesel.de

Für die Erdenkinder

»Unreal beliefs in unseen forces … are much more likely to motivate action than are modestly real beliefs.«

Brian Boyd, *On the Origin of Stories*

Inhalt

Einleitung

Kinder wecken unser Talent, Geschichten zu erzählen. Schon vor der Geburt eines Babys sprechen wir mit diesem rätselhaften Wesen, das wir gern endlich sehen und berühren würden. Behutsam machen wir es mit der Welt bekannt, baden es in einem sanften Strom aus Worten und verankern dabei die ersten Wurzeln der Sprache. Unsere Stimme gibt dem Baby Orientierung und vermittelt ihm, dass es in Sicherheit ist: Für ein Kind sind genau das seine ersten Geschichten. Schon nach kurzer Zeit erobert es jeden Winkel im Haus. Die Erklärungen, mit denen Sie es dann begleiten, sind jeweils winzige Geschichten für sich. Sie lassen Altes und Gewohntes in neuem Licht erstrahlen.

Irgendwann verstehen wir: Fragt ein Kind uns nach einer Geschichte, bittet es nicht um eine Erzählung, sondern um unsere Aufmerksamkeit. Das ist kein bescheidener Wunsch. Vertraut uns ein Kind, ist das ein wertvolles Geschenk. Wenn wir die Bedeutung hinter seiner Bitte erkennen, geht uns das Herz weit auf: *Es möchte eine Verbindung aufbauen … zu mir!* Dann begreifen wir, dass dieser Augenblick voller Möglichkeiten steckt. Die Geschichten, die dann entstehen, können so einfach und doch so persönlich und tiefgründig sein, dass sie ein Leben lang in Erinnerung bleiben.

Manchmal sind wir aber auch einfach erschöpft. Wir haben einen langen Arbeitstag hinter uns und ein anstrengendes Gespräch mit unserem Partner. Zu Mittag gab es nur einen Müsliriegel und Kaffee. Dann fühlt sich die Vorstellung, uns eine Geschichte auszudenken, nicht gerade nach Vergnügen an, sondern vielmehr nach Arbeit und einem weiteren Anzapfen unseres begrenzten Vorrats an Energie und Kreativität. Schnell fühlen wir uns überfordert und eingeschüchtert, wenn es ums Geschichtenerzählen geht. Nicht nur, dass wir manchmal einfach müde sind – um uns herum tummeln sich außerdem die Giganten der Branche wie Disney, Marvel und J. K. Rowling. Wie können wir damit konkurrieren? Und sollten wir das überhaupt? Vielleicht ist es doch einfacher, alles den Profis zu überlassen!

Dieser Gedanke wäre vielleicht nachvollziehbar, wenn es beim Geschichtenerzählen nur um die Geschichte selbst ginge. Die Forschung zeigt aber (wie Sie ganz sicher bald selbst erkennen werden), dass die ganze Sache vielmehr mit der Beziehung zwischen Erzähler und Publikum zu tun hat, also der zwischen Ihnen und Ihrem Kind. Geht man aus dieser Perspektive an das Thema heran, wird das Geschichtenerzählen leichter, macht mehr Spaß und entwickelt sich zu einem subtilen Ausdruck der Liebe und Nähe zwischen Ihnen und Ihrem Kind.

Erinnern Sie sich noch an früher, wie Ihre Mutter oder Ihr Vater Ihnen eine Geschichte erzählt hat, oder vielleicht ein lieber Opa oder eine Lehrerin? Wenn es Ihnen dabei geht wie den meisten Menschen, werden Sie sich diese Momente mit unverhüllter Zärtlichkeit ins Gedächtnis zurückrufen können. Wahrscheinlich erinnern Sie sich auch noch an Einzelheiten aus der Geschichte, etwa die Hauptfiguren. Aber noch wahrscheinlicher erinnern Sie sich daran, wie sich dieser Moment angefühlt hat. Sie haben sich umsorgt gefühlt. Sie haben gefühlt, dass Sie die Aufmerksamkeit dieses einen liebevollen Erwachsenen hatten und verdienten.

Darum geht es in diesem Buch – nicht darum, Blockbuster-Hits zu erzählen, deren Filmrechte Sie lukrativ verkaufen können. Es geht darum, Geschichten zu erzählen, und zwar einfache

Fragt ein Kind uns nach einer Geschichte, bittet es nicht um eine Erzählung, sondern um unsere Aufmerksamkeit.

Geschichten, die die Beziehung zu Ihrem Kind nähren und an die Sie sich beide für den Rest Ihres Lebens erinnern werden. Um dahin zu kommen, beschäftigen wir uns ganz kurz mit der Wissenschaft des Geschichtenerzählens und dann mit einer einfachen Methode, mit der wir seit dreißig Jahren erfolgreich arbeiten. Sie wird schon viel länger angewendet (seit etwa 60.000 Jahren), aber wir haben sie hier in eine leicht verständliche Beschreibung gekleidet. Übungen und Beispielgeschichten helfen Ihnen dabei, diese Methode zum Leben zu erwecken, und wir sind sicher, dass Sie nach der Lektüre dieses Buchs mehr Selbstvertrauen haben. Warum? Weil Sie schon längst Geschichten erzählen können. Nur wissen Sie das vielleicht noch nicht!

Wer Kindern schon einmal Geschichten erzählt hat, weiß um eine einfache Tatsache: Am Ende gehen die Beteiligten nicht einfach mit einer guten Erzählung im Kopf auseinander – sie fühlen sich einander näher. In der Psychologie spricht man von Bindung. Bindungsorientierte Erziehung (»Attachment Parenting«) ist unter Eltern gerade sehr angesagt. Aber Bindung ist eine merkwürdige und manchmal launische Sache. *Psychology Today* berichtet, dass 40 Prozent der Kinder in den USA keine gesunde Bindung zu ihren Eltern aufweisen und deshalb wahrscheinlich Schwierigkeiten haben werden, als Erwachsene selbst gesunde Beziehungen einzugehen.[1]

Der Kern der Bindungstheorie besagt, dass eine gesunde Bindung zu einer oder mehreren Elternfiguren in den ersten Lebensjahren dem Kind dabei hilft, später im Leben selbst positive Beziehungen einzugehen. Da Beziehungen für soziale Wesen wie uns Menschen von entscheidender Bedeutung sind, legt das den Grund für alle möglichen wünschenswerten Entwicklungen wie akademischen und beruflichen Erfolg, psychische Gesundheit und ein gutes Selbstwertgefühl.

Menschen dagegen, denen in der Kindheit eine echte Bindung fehlte, gehen als Erwachsene eher ungute Beziehungen ein. Sie haben Schwierigkeiten in Schule und Beruf, außerdem weisen sie eine Reihe von Verhaltensstörungen auf, von Angsterkrankungen über Aggression bis hin zu Vermeidungsverhalten.

Wichtig ist, Bindung nicht mit Liebe gleichzusetzen. Dass Eltern ihre Kinder lieben und dennoch keine gute Bindung zu ihnen aufbauen, ist gar nicht ungewöhnlich, ja sogar recht häufig. Das ist zu einem großen Teil unserem modernen Leben geschuldet. Bildschirmzeit und volle Terminkalender sind für Eltern wie Kinder immer häufiger ein Thema. Das verstehen wir. Auch wir sind im Stress. Deshalb wollen wir Eltern helfen, von Angesicht zu Angesicht eine Verbindung zu ihrem Kind aufzubauen.

Geschichten zu erzählen ist eine uralte, bewährte Methode, um genau das zu tun. Die moderne Wissenschaft liefert uns einige interessante Erkenntnisse, warum das so gut funktioniert. Was aber vor allem sofort ins Auge fällt: Geschichtenerzählen kostet nichts. Dieser absolut natürliche Vorgang lässt sich mit allen religiösen, gesellschaftlichen und kulturellen Werten, die in Familien vorkommen, vereinbaren. Eigentlich muss Ihnen nicht einmal jemand sagen, wie es geht – genauso wenig, wie man Ihnen das Laufen erklären müsste. Sie tun es einfach. So tief ist das Geschichtenerzählen im Menschsein verwurzelt.

Die Anthropologie beschäftigt sich seit Jahrzehnten mit dem Geschichtenerzählen. Sie fand heraus, dass die besten Erzählerinnen und Erzähler sich in der Gesellschaft häufig in herausragenden Positionen befanden.[2] In der heutigen Welt ist das oft ganz ähnlich. Moderne Geschichten sind ein großes Geschäft und werden häufig durch Filme, Bücher, Musik und Videospiele erzählt. Die Menschen, die sie vor der Kamera und am Schreib-

Sie können schon
längst Geschichten erzählen.
Nur wissen Sie das
vielleicht noch nicht!

tisch erschaffen, gehören zu unseren größten Heldenfiguren und Berühmtheiten.

Nach wie vor hat das Geschichtenerzählen in der Familie einen besonderen Platz. Es schafft nicht nur Bindungen, es ist vielmehr so etwas wie ein Schweizer Taschenmesser für Eltern – ein Multifunktionswerkzeug, das Kinder neue Fertigkeiten lehrt, Empathie aufbaut, belastende Emotionen besänftigt und herausfordernden Lebenssituationen Sinn verleiht. Und wie Sie sehen werden, macht es einen großen Unterschied, ob man eine fremde Geschichte erzählt oder eine eigene.

Sie können sich das ungefähr so vorstellen wie den Unterschied zwischen einer Fertigsauce und einer selbst gekochten Tomatensauce. Eine geübte Geschichtenerzählerin schöpft aus den Ereignissen und Dingen in der unmittelbaren Umgebung des Kindes, ganz so, wie man für eine Sauce Tomaten und Kräuter aus dem eigenen Garten pflücken würde, und macht daraus Geschichten, die nicht nur unterhaltsam (und köstlich), sondern genau auf dieses Kind an diesem Ort zugeschnitten sind.

In diesem Buch behandeln wir die wichtigsten Zutaten für das intuitive Erzählen, damit Sie Ihre eigenen Geschichten direkt aus dem jeweiligen Kontext improvisieren können, in dem Sie und Ihre Kinder leben. Wir haben als Eltern und Lehrende Hunderte, vielleicht Tausende Geschichtenstunden auf dem Buckel. Dennoch hat dieses Buch nichts damit zu tun, wie man unsere Geschichten erzählt oder die von jemand anderem. Es geht nur darum, wie Sie Ihre eigenen erzählen.

Denn im Kern dreht sich beim Geschichtenerzählen alles um Beziehungen. Wir haben gesehen, wie das Erzählen einem Kind den Tag versüßt hat, es wertvolle Lektionen für das Leben lehrte, dazu beitrug, sein Vertrauen zu gewinnen, und sogar Familien dabei half, mit dem Tod eines geliebten Menschen umzugehen.

Wären wir der Meinung, dass es die Geschichten selbst waren, die diese Augenblicke trugen, würden wir sie hier abdrucken. Wir glauben aber, dass diese Geschichten, wie alle guten Geschichten, im liebevollen Raum zwischen Erzählerin und Zuhörer wurzelten. Sie kamen still, fast heimlich, zu denen, die gewillt waren zuzuhören. Das macht aus Ihnen den besten Erzähler, die beste Erzählerin für Ihr Kind.

Silke ist Waldorflehrerin und unterrichtet seit über dreißig Jahren in der Vorschule. 1995 gründete sie zusammen mit Gleichgesinnten im US-Bundesstaat New Mexico die Taos Waldorf School. Heute leitet sie einen unabhängigen Waldkindergarten namens Taos Earth Children. In Taos ist sie berühmt für ihr Puppenspiel und ihre Geschichten, außerdem berät sie landesweit Lehrende und Schulen. Joe arbeitete zwei Jahre lang mit Silke bei Taos Earth Children zusammen und gründete 2018 eine unabhängige Grundschule mit erster und zweiter Klasse, die eng mit Silkes Vorschule kooperiert. Joe schreibt außerdem freiberuflich für die Zeitschrift *Fatherly* und ist der Schöpfer der #GreatDad-Kampagne, die tolle Väter überall in den USA sichtbar machen will.

Für uns beide ist das Geschichtenerzählen ein wesentlicher Bestandteil unseres Tages. Durch Geschichten vermitteln wir Lerninhalte. Beim Erzählen haben wir Spaß. Einen großen Teil unserer Schultage verbringen wir draußen und lernen in den Wäldern und Schluchten im Norden von New Mexico, und unsere Geschichten handeln oft von den Tieren und Pflanzen, die wir hier finden, einem bevorstehenden Feiertag oder einem Bastelprojekt, das wir gerade mit den Kindern fertiggestellt haben. Unsere Figuren geraten gern in Situationen, die die Kinder zuvor selbst erlebt haben. Dazu gehören auch zähe Themen aus dem Schulalltag sowie Verhaltensprobleme, die gelegentlich auftreten. Am Ende einer Geschichte platzen die Kinder nicht selten mit Sätzen wie »Das war die beste Geschichte aller Zeiten!« heraus.

Es stimmt zwar, dass wir gut Geschichten erzählen können. Viel wichtiger aber sind unsere emotionale Verbindung zu den Kindern und das gemeinsame Erlebnis mit ihnen sowie die Tatsache, dass unsere Geschichten aus Ereignissen und Dingen entstehen, die sie wiedererkennen. Gehen wir das Geschichtenerzählen aus dieser Perspektive an, lautet das Ziel nicht, sich die spannendste Geschichte aller Zeiten auszudenken. Vielmehr geht es um einfache Alltagsgeschichten, mit denen die Kinder etwas anfangen können und die helfen, Nähe und Vertrauen zwischen Elternteil (oder Lehrkraft) und Kind zu schaffen.

Was Sie in Händen halten, ist keine Geschichtensammlung. Sondern eine Anleitung, wie Sie Ihre eigenen Geschichten erfinden können.

Es gibt Hunderte Bücher mit Geschichten darin. Manche enthalten auch Anweisungen und Hintergrundinformationen dazu, wie man Geschichten erzählt. Einige dieser Bücher sind hervorragend, aber ihr Schwerpunkt liegt durchgehend darauf, Geschichten zu lernen oder nachzuerzählen, die jemand anders erfunden hat. Wir verfolgen mit diesem Buch eine andere Absicht. Was Sie in Händen halten, ist keine Geschichtensammlung. Sondern eine Anleitung, wie Sie Ihre eigenen Geschichten erfinden können.

Die Technik ist einfach, und wir wenden sie täglich mit viel Abwechslung flexibel an. Ein großer Teil unserer Methode geht auf fachliche Empfehlungen und wissenschaftliche Forschung zurück. Sie brauchen jedoch nur eine einzige Spezialfertigkeit, nämlich den emotionalen Kontakt zu Ihrem Kind – und darin sind Sie besser als jeder andere Mensch.

Die Geschichtenerzählerin Marie Shedlock schreibt in der Einleitung zu ihrem Klassiker *The Art of the Storyteller*: »Es wäre zu hoffen, dass eines Tages in der Schule Geschichten nur noch von Fachleuten erzählt werden, die der Kunst des Erzählens besondere Zeit und Vorbereitung gewidmet haben.« Shedlock meint es gut, doch das ist genau das Gegenteil unserer Botschaft. Jeder kann gute Geschichten erzählen! Kein Experte kann die Vertrautheit einer Geschichte ersetzen, die aus der direkten Umgebung des Kindes heraus von einem aufmerksamen und liebevollen Elternteil oder einer Betreuungsperson geschaffen wurde. Warum? Weil es beim Geschichtenerzählen um Beziehung geht und nicht um die Geschichte.

Die intuitive Methode, die wir in diesem Buch beschreiben, fußt auf einer simplen Architektur, welche die physischen Gegenstände und Aktivitäten in der unmittelbaren Umgebung Ihres Kindes zum Ausgangspunkt nimmt. Das kann kompliziert sein, wenn etwa ein Konflikt unter Kindern in einen Streit zwischen Eichhörnchen umformuliert werden muss. Oft ist es aber ganz einfach, wenn wir zum Beispiel beim Anblick der nackten Füße eines Kindes erzählen, was passiert ist, als seine Schnürsenkel einen Ausflug zum Bach gemacht haben. Solche Geschichten bringen die Kinder zum Kichern und Nachdenken. Sie fühlen sich als Teil der Geschichte, weil sie die Figuren und Ereignisse aus ihrem wirklichen Leben wiedererkennen. Sie fühlen sich gesehen.

Das ist aber noch nicht alles. Intuitive Geschichten schöpfen aus der Umgebung des Kindes und bieten damit oft eine Gelegenheit zum Spielen. So entsteht eine wunderbare Geschichtenschleife, auf die wir in Kapitel 1 genauer eingehen. Was ein barfüßiges Kind, das kürzlich eine Geschichte über seine Schnürsenkel gehört hat, tun wird, sobald es seine Schuhe findet, kann man sich gut vorstellen.

Die Kapitel in diesem Buch beschreiben in ihrer Gesamtheit die einzelnen Aspekte unserer Methode, aber da jeder Aspekt in sich abgeschlossen ist, können Sie sich auch ganz einfach die Rosinen herauspicken. Jedes Kapitel lässt sich in weniger als zehn Minuten lesen und schließt mit einer Beispielgeschichte, um die Tipps zu veranschaulichen. Das Buch lässt sich gut in einem Rutsch lesen, aber Sie können ebenso gut (was uns fast besser gefallen würde) ein Kapitel lesen, das Gelernte in einer Geschichte für Ihr Kind ausprobieren und sich das nächste Kapitel ein andermal vornehmen. Wenn wir erzählen, und da widersprechen wir Marie Shedlock, geht es nicht um Perfektion, sondern ums regelmäßige Tun. Es gibt keinen Grund zur Eile.

Es geht nicht um Perfektion, sondern ums regelmäßige Tun.

Wir vertrauen auf diese Methode, weil wir sie fast täglich anwenden. Wir haben gesehen, wie sie im Laufe vieler Jahre in verschiedenen Kontexten funktioniert hat. Sie ist flexibel und leicht erlernbar. Das Gerüst ist hilfreich, vor allem, wenn Sie gerade erst anfangen; aber keine zwei Geschichten und keine zwei Erzähler sind jemals dieselben. Gute Geschichten sind, wie gute Menschen auch, so unterschiedlich wie die Gipfel einer Bergkette, mit all den Tälern und Bächen dazwischen. Finden Sie Ihren Platz. Und finden Sie Ihre Stimme. Ihre Geschichten werden die besten Früchte tragen, wenn Sie nicht mehr auf Ratschläge hören, sondern einfach der Geschichte folgen, die bereits in Ihnen schlummert.

Wenn wir uns eine Botschaft wünschen dürften, die Sie aus diesem Buch mitnehmen, dann diese: *Sie sind bereits ein guter Erzähler, eine gute Erzählerin.* Das macht sie buchstäblich zum Menschen. Erzählen gehört genauso zum Menschsein wie Haare und

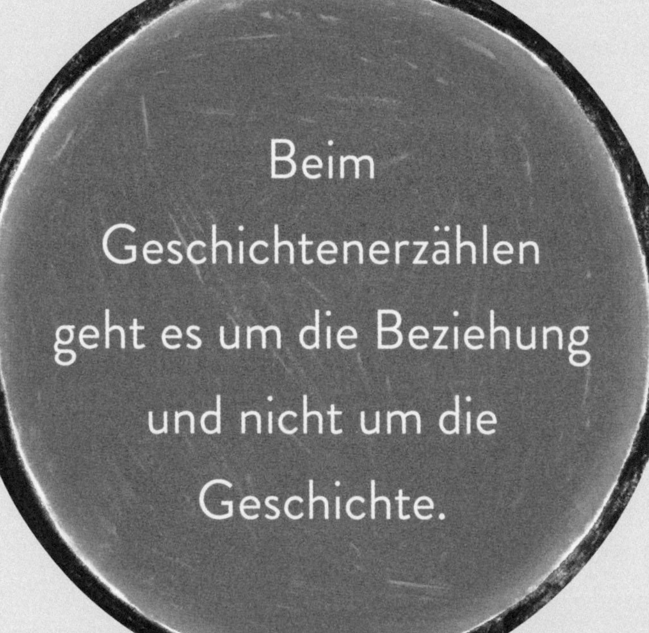
Beim
Geschichtenerzählen
geht es um die Beziehung
und nicht um die
Geschichte.

opponierbare Daumen. Wenn Sie also Appetit auf Tomatensauce haben, kochen Sie Ihre eigene und probieren Sie dazu die ersten Male verschiedene Rezepte aus. Ihre Sauce wird bald besser sein als die Fertigvariante. Aber sobald Sie Ihre individuelle Geschmacksnote gefunden haben, werfen Sie das Kochbuch weg. Ihre Intuition wird Sie und Ihre Kinder weiter bringen, als Sie es sich je hätten träumen lassen.

Die wissenschaftlichen Grundlagen

Seit Jahren fügt die Wissenschaft Erkenntnisse über das Geschichtenerzählen zu einem Gesamtbild zusammen: Geschichten zu erzählen hilft uns, Informationen zu speichern, unsere Aufmerksamkeit zu bündeln, Empathie zu entwickeln und mit schwierigen Lebensereignissen umzugehen. Aber erst in jüngster Zeit werden Stimmen laut, die nach dem Warum fragen.

»Warum entscheiden wir uns in einer Welt voller Notwendigkeiten dafür, so viel Zeit mit Geschichten zu verbringen, von denen sowohl Erzählende als auch Lauschende wissen, dass sie nie passiert sind und nie passieren werden?«[3] Damit beginnt das Buch *On the Origin of Stories* des Evolutionstheoretikers Brian Boyd. Eine ähnliche Frage findet sich in *Darwin's Cathedral* von David Sloan Wilson. Dem angesehenen Professor für Biologie und Anthropologie an der Binghamton University wurden für seine Arbeiten unzählige Auszeichnungen verliehen. Kürzlich erhielt er eine Förderung der National Science Foundation, um sein Evolutionsstudienprogramm zu einer nationalen Arbeitsgemeinschaft zu erweitern. Er fragt: Ist es möglich, dass die für eine Kultur bedeutsamen Geschichten (in seinem Fall speziell religiöse Geschichten) die Zuhörenden zu einer Gruppe mit eindeutigen evolutionären Vorteilen vereinen?[4]

Diese Fragen in ihrer ganzen Tragweite zu behandeln, würde den Rahmen unseres Buches sprengen (wir unterrichten schließlich nur in der Vor- und Grundschule!). Dennoch ist der sich formierende Diskurs zwischen Kognitionsforschung, Neurowissenschaft und Evolutionstheorie höchst aufschlussreich, was die Bedeutung des Geschichtenerzählens angeht, und es lohnt sich, ein kleines Fenster zu dieser Welt aufzustoßen.

Einfach gesagt: Wir sind eine außergewöhnlich soziale Spezies, die manchmal auch als »supersozial« bezeichnet wird. Unser Erfolg als Art und damit auch als Individuen lässt sich größtenteils auf unsere Fähigkeit zurückführen, miteinander zu kooperieren und zu konkurrieren. Diesem schmalen Grat zwischen Kooperation und Wettbewerb, auf dem wir mit unserer Familie, unserem Klan und unseren Nachbarn balancieren, ist es zu verdanken, dass wir außergewöhnliche Werkzeuge entwickelt haben, um Informationen zu teilen oder zurückzuhalten, die Absichten anderer zu erkennen sowie anderen unsere eigenen Vorhaben deutlich zu machen oder zu verbergen.

Geschichten zu erzählen gehört dabei zu den wichtigsten dieser Hilfsmittel. In Geschichten erzählen wir anderen, was passiert ist, was nach unseren Wünschen hätte passieren sollen oder was wir als Nächstes tun wollen. Jennifer Aaker, Marketingdozentin an der Stanford Graduate School of Business, berichtet, dass Menschen Informationen, die in eine Erzählung eingebettet sind, »bis zu 22-mal besser behalten als die reinen Fakten«[5]. Geschichten sind auch unser wichtigstes Mittel der Wahl, wenn wir andere mit Lügen aufs Glatteis führen wollen, oder es wenigstens versuchen. Die meisten Vierjährigen denken sich spontan eine Geschichte aus, um eine unangenehme Wahrheit zu umgehen, wenn sie in die Enge getrieben werden.[6] Erwachsene sind nicht viel besser: Fast 65 Prozent aller Gespräche in der Öffentlichkeit sind Klatsch und Tratsch.[7]

Doch Geschichten sind viel mehr als nur eine Methode, um Wahrheiten oder Schwindeleien weiterzugeben. Wie wir aus milliardenschweren Filmen, Bestsellern und 30.000 Jahre alten Höhlenmalereien wissen, gehören sie für Menschen auf der ganzen Welt zu den fesselndsten Beschäftigungen. Wir zahlen Geld für gute Geschichten, auch wenn »sowohl Erzählende als auch Lauschende wissen, dass sie nie passiert sind und nie passieren werden«, wie Brian Boyd so prägnant formuliert. Warum?

Jenseits der einfachen Übermittlung von Wahrheit oder Lüge nutzen Menschen Geschichten, um Aufmerksamkeit zu erlangen, Handlungen und Verhaltensweisen (einschließlich Emotionen) zu simulieren und Vertrauen aufzubauen. Vor allem über Geschichten werden Werte zwischen Mitgliedern einer sozialen Gruppe weitergegeben, auch von Eltern zu Kindern. »Geschichten«, stellt ein Artikel in der US-Zeitschrift *The Atlantic* fest, »können Menschen das Gefühl geben, Kontrolle über die Welt zu haben. Sie lassen Menschen Muster erkennen, wo nur Chaos besteht […] – eine Form der existenziellen Problemlösung.«[8]

Vielleicht beginnen wir jetzt zu verstehen, warum David Sloan Wilson behauptet, kulturelle und religiöse Geschichten könnten den Zuhörenden einen evolutionären Vorteil bieten. Wilson zufolge war Kooperation unter Mitgliedern einer Gemeinschaft schon immer ein entscheidender Faktor für das menschliche Überleben. »Einen perfekten Gott zu lieben und ihm zu dienen« sei jedoch »wesentlich motivierender, als den unperfekten Nachbarn zu lieben und ihm zu dienen«. Mit anderen Worten, »ein ausgedachtes Glaubenssystem, das anwendungsfreundlich ist und zu einer anpassungsfähigen Verhaltenspalette motiviert, übertrifft ein realistisches Glaubenssystem, das man nur mit einem Doktortitel versteht«. Es ist hier wichtig zu erkennen, dass Wilson nicht behauptet, religiöse Überzeugungen seien ausgedacht (oder wahr), sondern nur, dass sie unabhängig von ihrem Wahrheitsgehalt tief von Geschichten durchdrungen sind, die zu bestimmten Verhaltensweisen motivieren.

Die meisten Eltern beobachten das täglich. Kinder spielen und erzählen die Geschichten, die sie kürzlich gehört, gelesen oder gesehen haben, ob das nun der jüngste Harry-Potter-Band oder ein Disney-Film war. Erwachsene tun das genauso, indem sie die besten Zitate aus ihren Lieblingsfilmen in die Unterhaltung einstreuen und sogar ein wenig von der Extravaganz ihrer Lieblingsfiguren übernehmen.

Das Geschichtenerzählen gehört zu den wichtigsten Methoden, um Kultur (oder Bedeutung) von Eltern auf Kinder und von Mensch zu Mensch weiterzugeben. Und nicht nur Bedeutung, sondern auch Wesensart. Haltung. Tonfall. Prahlerei. Familiengeschichte. »Wenn Sie einer Geschichte zuhören, beginnen Ihre Gehirnwellen in der Tat, sich mit denen des Erzählenden zu synchronisieren«, schreibt Elena Renken auf npr.org.[9] Damit umreißt sie die Arbeiten von Uri Hasson, Professor für Psychologie und Neurowissenschaften an der Princeton University, der einen sehenswerten TED-Talk über Storytelling und Kommunikation hielt.

Geschichtenerzählen gehört neben Berührungen zu den Aktivitäten, die am stärksten Nähe und Vertrauen vermitteln.

Zwischen Menschen, die häufig Geschichten miteinander teilen, besteht meist eine einzigartige und dauerhafte Verbindung. Deshalb setzt *Psychology Today* das Vorlesen auch auf die Liste der wichtigsten Empfehlungen, um glückliche Kinder großzuziehen.[10] Der Inhalt ist fast irrelevant. Es ist die emotionale Nähe, nach der wir uns sehnen, und wie es der Zufall will, bauen gemeinsame Geschichten diese Nähe besser auf als fast alles andere.

In seinem einflussreichen Buch *The Storytelling Animal* schreibt Jonathan Gottschall, dass Fiktion uns »empathischer macht und uns besser dafür ausstattet, mit den Zwangslagen des Lebens umzugehen«[11]. Gottschall zufolge sind Geschichten wie Kostümproben für das echte Leben. Er zitiert Marco Iacoboni, einen bahnbrechenden Neurowissenschaftler an der UCLA, der sich mit Spiegelneuronen beschäftigt: »Wir entwickeln Empathie für fiktive Figuren [...], weil wir dieselben Gefühle buchstäblich selbst erleben.« Geschichtenerzählen ist keine evolutionäre Panne, folgert Gottschall: »Fiktion ist [...] gut für uns.«

Wir hoffen, dass dieses Buch Sie dazu inspirieren wird, sich die Tradition des Geschichtenerzählens zu eigen zu machen. Das ist Ihr Geburtsrecht als Mensch und Sie brauchen dazu keine akademischen Fachbegriffe. Tatsächlich erzählen Sie bereits jetzt über den Tag verteilt immer wieder Geschichten, sich selbst, im Büro oder im Freundeskreis. Gottschall formuliert es treffend so: »Geschichten sind für einen Menschen wie Wasser für einen Fisch.« Sie haben das Werkzeug. Sie haben die Geschichte. Indem Sie mit Ihrem Kind bewusst in diese Rolle schlüpfen, begeben Sie sich auf eine Reise, die schon Millionen von Eltern und Betreuungspersonen unternommen haben. Mit etwas Übung entdecken Sie vielleicht sogar, dass Sie ein außergewöhnlicher Erzähler, eine fantastische Erzählerin sind. Aber so viel ist sicher: Die emotionale Bindung, die ganz natürlich aus dem Geschichtenerzählen erwächst, wird für Sie und Ihr Kind ein bleibendes Geschenk sein.

1

Die Geschichten-schleife

Es gibt so viele Möglichkeiten, Geschichten zu erzählen, wie Menschen auf der Erde leben. Wir stellen in diesem Buch eine Methode vor, die wir »intuitives Erzählen« nennen. Eine Vorbereitung ist nicht nötig, denn Sie denken sich die Geschichte sozusagen aus dem Stegreif aus. Das mag zunächst schwieriger klingen, als einfach ein klassisches Märchen wiederzugeben. Aber sobald Sie das dahinter liegende Grundprinzip, die »Geschichtenschleife«, verstanden haben, werden Sie feststellen, dass die Umsetzung so einfach ist wie Laufen. Sie müssen nicht darüber nachdenken, damit es Ihnen gelingt.

Wir finden diese Methode gut, weil sie jedem Einzelnen die Möglichkeit gibt, sich selbst und auch die eigenen familiären Werte auf unterschiedliche, einzigartige Weise auszudrücken. Unsere Vorgehensweise eignet sich für jeden, weil es um den Vorgang des Erzählens selbst geht und nicht um den Inhalt. Und wie Sie sehen werden, passt diese Vielfalt hervorragend gerade zu Kindern, wenn sie aufwachsen, reifer werden und manchmal herausfordernden Situationen im Leben gegenüberstehen.

Und so funktioniert es: Basteln Sie ein Schiffchen aus Zweigen und Gras. Oder aus Nudeln, Computerteilen oder Teppichresten – ganz egal. Dann lassen Sie die Kinder damit spielen. Ob das

Schiff schwimmen kann, ist gar nicht wichtig. Lachen Sie einfach gemeinsam, wenn es untergeht. Erzählen Sie dann später, nach dem Mittagessen oder in einem ruhigen Moment, eine Geschichte über eine Maus (oder eine Fee, eine Ameise …), die ein kleines Boot findet und damit auf Abenteuerreise geht.

Kein Schiffchen zur Hand? Bauen Sie ein Häuschen oder eine Burg. Sie können auch den Rucksack Ihres Kindes, einen weggeworfenen Kaugummi oder einen Baum mit einem besonders krummen Ast zum Ausgangspunkt der Geschichte machen. Eben alles Mögliche. Suchen Sie sich ein bis drei Dinge (oder konkrete Ereignisse), die Ihnen an diesem Tag begegnen, und nutzen Sie sie als Anker für Ihre Geschichte.

Diese Technik verknüpft die Wirklichkeit mit der Fantasie und umgekehrt. Hinterher wollen die Kinder wahrscheinlich einen Teil der Geschichte nachspielen, wofür sie dann vielleicht das Schiffchen brauchen. Das ist die Geschichtenschleife: Sie beginnt mit einer realen Situation, auf die eine erfundene Entwicklung folgt, aus der wiederum eine neue Wirklichkeit entsteht. Diese Schleife kann alle möglichen Formen annehmen. Man könnte sie so darstellen:

Wer im Geschichtenerzählen noch nicht so erfahren ist, fängt in der Regel mit einfachen, skurrilen Geschichten an. Nehmen wir eine Gruppe zankender Kinder. Natürlich könnten Sie die Streithähne einfach zurechtweisen. Eine Geschichte zu erzählen ist aber oft wirkungsvoller. Kinder durch eine solche gemeinsame Geschichte zusammenzubringen, statt ihr Geteiltsein zu zementieren, gibt ihnen die Chance, sich als Gemeinschaft neu zusammenzufinden, um die Geschichte nachzuspielen: Zwei gefährliche Piratenbanden schließen sich zusammen, um gegen den größten Kraken zu kämpfen, der je auf dem offenen Meer gesichtet wurde. Alle Mann an Deck! Ein reales Ereignis wird durch eine Geschichte in eine neue Wirklichkeit verwandelt.

Mit Übung erkennen Sie irgendwann in allen möglichen Situationen Geschichtenschleifen.

Ein weiteres Beispiel: Nehmen wir an, Ihr Kind hat Zahnschmerzen. Das eigene Kind leiden zu sehen, kann für Eltern schwer auszuhalten sein. Wir bringen es zum Zahnarzt und geben ihm Medikamente. Aber manche Dinge, wie durchbrechende Backenzähne, lassen sich nicht einfach wegbehandeln. Dann können wir unserem Kind einen Eiswürfel zum Lutschen geben und ihm eine Geschichte erzählen:

> Es war einmal ein Kind, das hatte solche Zahnschmerzen, dass es sich schließlich auf die Reise machte, um seine Schmerzen zu besiegen. Unterwegs traf es einen Biber, der unablässig kauen musste, weil seine Zähne nie aufhörten zu wachsen. »Was meinst du, wie schmerzhaft das ist?«, fragte er, vielleicht etwas unhöflich. Sogar während er sprach, kaute er Holz. Dann kam ein trauriger Elefant, der Mitgefühl zeigte. »Als mir Stoßzähne wuchsen«, sagte er, »hatte ich solche Schmerzen wie noch nie im Leben.« Später traf das Kind noch ein Krokodil, das etwas bissig war. Und einen Hai. Sogar einen Säbelzahntiger. Jedes Tier hatte einen anderen Charakter, sagte etwas Tröstliches oder war einfach mürrisch. Schließlich begegnete das Kind einem alten Bergmann tief in einer Höhle. Der winzige

Mit Geschichten
helfen wir unseren Kindern
(und uns selbst), eine Brücke
zwischen Wirklichkeit
und Imagination
zu schlagen.

> Gnom sammelte Zähne für die Zahnfee. »Diese Backenzähne«, sagte er, »sind immer ein schweres Stück Arbeit. Ich muss jedes Mal durch die Nase klettern und ziehen und drücken, bis sie endlich rauskommen. Kein Wunder, dass das wehtut.«

Nichts davon wird an den Schmerzen, die das Kind empfindet, etwas ändern. Aber wenn die Geschichte einfühlsam und vielleicht auch ein wenig humorvoll erzählt wird, schöpft es daraus vielleicht etwas Kraft. Auch hier haben wir wieder eine Geschichtenschleife – ein reales Ereignis wird in eins mit mehr Sinn umgewandelt. Geschichten können für Eltern somit unvergleichlich wertvolle Helfer sein.

Die Geschichtenschleife ist eine Reise, die wir zusammen mit den Kindern unternehmen. Manchmal dauert sie Stunden, manchmal nur einige Minuten. Oft machen wir das nur zum Spaß (gerade für Anfänger ist das auch der beste Startpunkt), aber mit etwas Übung wird es Ihnen überraschend leichtfallen, immer tiefere Bedeutungsebenen einzubauen. Was sind schließlich die Evangelien oder die Veden anderes als Geschichten?

Es gibt eine ganze Reihe von Möglichkeiten, in der Welt der Fantasie eine Geschichte beginnen und enden zu lassen. In diesem Buch konzentrieren wir uns darauf, ein Objekt oder ein Ereignis aus der realen Welt in die Erzählung zu bringen. Damit helfen wir unseren Kindern (und uns selbst), eine Brücke zwischen Wirklichkeit und Imagination zu schlagen. Später werden Sie diese Strategie vielleicht nicht mehr brauchen. Aber wenn Sie gerade erst anfangen, werden Sie sehen, dass diese einfache Übung ein wahres Füllhorn an Erkundungsmöglichkeiten auf beiden Seiten eröffnet – in der Realität und in der Fantasie. Die Geschichte bildet dabei die Brücke.

Betrachten Sie die Reise über die Brücke und wieder zurück als einen Rundweg oder eine Schleife. Wenn wir Nadel und Faden mit auf die Reise nähmen, hätten wir bei unserer Rückkehr Wirklichkeit und Fantasie mit einem Stich verbunden. Eine geübte Geschichtenerzählerin hat Hunderte solcher Stiche in das Gewebe der Wirklichkeit gesetzt. Sie verfügt über Dutzende Brücken, die sie mit Bedacht an Orten errichtet, die zum Alter ihres Kindes und den Werten ihrer Familie passen. Hat ein Kind sie auf diesen Reisen begleitet, fällt es ihm nicht schwer, die Brücke selbst zu überqueren. Ununterbrochen webt es ein dichtes Fantasiegeflecht um die ganz realen Orte und Dinge bei sich zu Hause, in seinem Viertel, in seiner Stadt. In ihm wurde eine Neugier entfacht, die ihm sein Leben lang erhalten bleiben wird. Ein solches Kind sieht Türen selbst in den profansten Dingen. Genau wie Sie.

Diese Erzählmethode ist auch deshalb so erfolgreich, weil sie wenig Vorbereitung braucht. Konzepte, die auf Gedächtnisleistung oder Vorbereitung setzen, sind zwar gut gemeint, können aber schwierig sein, wenn Eltern und Lehrerinnen Zeit oder Motivation fehlen. Auch wenn der Erzähler schon während der Geschichte versucht, das Ende vorherzusehen oder vorzubereiten, lenkt ihn das oft ab und die Geschichte verläuft im Sande. Der Schlüssel zu leichtem, mühelosen Geschichtenerzählen ist, im Augenblick präsent zu bleiben und die Geschichte fließen zu lassen.

Der Schlüssel zu leichtem, mühelosen Geschichtenerzählen ist, im Augenblick präsent zu bleiben und die Geschichte fließen zu lassen.

Mit anderen Worten: Wir suchen nicht nach einem Skript, einem Anfang oder einem Ende. Vielleicht haben wir noch nicht einmal eine klare Vorstellung davon, wie die Geschichte aussehen wird. Wir gehen einfach über eine – spannende – Brücke und sehen der Geschichte dabei zu, wie sie sich in unserer eigenen Vorstellungskraft entfaltet. Wenn sie endet, schließen wir die Schleife, bringen die Geschichte zurück in die Wirklichkeit und bieten eine Möglichkeit zum Nachspielen an.

Der erste Schritt besteht darin, etwas Alltägliches aus der Umgebung Ihres Kindes zu finden. Das kann ein Spielzeug sein, aber auch ein Ort, an dem Sie zusammen waren, oder ein Schmetterling, den Ihr Kind auf dem Nachmittagsspaziergang entdeckt hat. Achten Sie nur darauf, dass es etwas ist, das auch *Ihre* Aufmerksamkeit geweckt hat. Sie sind ein wichtiger Teil der Geschichte, und wir wollen Sie nicht zurücklassen.

Stellen wir uns zum Beispiel vor, Sie sitzen mit Ihrem Kind auf einem Hügel im Gras und spielen mit Puppen. Am Fuß des Hügels fließt ein kleiner Bach vorbei. In einer ruhigen Minute, vielleicht nach dem Mittagessen, könnten Sie eine Geschichte über eine der Puppen erzählen, die zum Schwimmen an den Bach hinuntergegangen war, als gerade niemand hinsah. Hier ist die Puppe der Anker, der erste Schritt auf die Brücke, und die Geschichte setzt sich ohne Vorwissen oder Vorbereitung mühelos von selbst fort. Wie fühlt es sich für die Puppe an zu laufen? Geht sie langsam und vorsichtig? Schleicht sie heimlich und geschickt? Ist sie ein bisschen tapsig? Stolpert sie und fällt mit einem lauten Platsch ins Wasser? Was sieht sie? Während die Erzählung von einem Ereignis zum nächsten voranschreitet, beobachten Sie die Puppe in Ihrer Fantasie beim Spazierengehen. Was tut sie, wenn sie ans Ufer kommt? Das liegt ganz bei Ihnen und hängt von der Stimmung des Augenblicks ab.

Das mag sich für einige von Ihnen zunächst ein wenig gezwungen anfühlen. Aber es gibt einen Moment, in dem die Geschichte den Erzählenden packt. Das sieht dann so aus: Wir gehen über die Brücke, ohne genau zu wissen, wo wir hinwollen, kratzen uns gewissermaßen am Kopf, und erhaschen dann plötzlich einen Blick auf die andere Seite, grinsen breit und rennen los. *Ich will, dass die Puppe mit einer Krabbe Boot fährt.* Genau danach suchen wir, nicht nach einer auswendig gelernten Erzählung. Ab diesem Punkt treibt sich die Geschichte selbst voran. Der Erzähler ist vollkommen in seiner Fantasie versunken und nicht mehr abgelenkt. Seine Begeisterung überträgt sich auf das Kind. In dem Moment, in dem sie zum Abschluss kommt, hat das Kind einen neuen Zugang zu seiner Puppe. Vielleicht will es die Geschichte nachspielen. Vielleicht braucht es dazu eine Krabbe. Oder vielleicht will es die Puppe auch in ein neues Abenteuer schicken. Das ist, wonach wir suchen.

Wohin die Geschichte führt oder wie sie endet, ist nahezu bedeutungslos.

Auch eine Aktivität kann eine Brücke sein. Etwa Springseil springen: Wie wäre es mit einer Geschichte über eine Ameise, die gerne seilspringt, oder über eine Raupe, die mitmachen möchte? Was fällt Ihnen ein, wenn Sie an eine seilspringende Ameise denken? Oder eine Raupe? Vielleicht hat Letztere ja arge Schwierigkeiten, mit all ihren Beinen gleichzeitig abzuspringen. Einfache Geschichten wie diese können einen langweiligen Nachmittag wieder mit Begeisterung füllen. Das Spiel, das sich daraus ergibt, könnte einfaches Seilspringen sein, aber mit einer neuen, ulkigen Note. Vielleicht wird nachgespielt, wie die Raupe Bein für Bein über das Seil springt. Oder Sie müssen mit Ihrem Kind eine riesige Raupe basteln.

Eine Geschichte nachzuspielen ist nur eine Möglichkeit. Das sollten wir nicht erzwingen, ja noch nicht einmal anregen. Die

Geschichte macht es einfach nur möglich. Wir haben einen Weg ins Spiel eröffnet, weil die realen Objekte (Anker), die wir aus der Geschichte kennen, direkt vor uns liegen. Aber es liegt an den Kindern zu entscheiden, ob sie diesen Weg gehen möchten. Wenn Sie regelmäßig Geschichten erzählen, werden Sie häufig erleben, wie Geschichten zum Spiel werden und umgekehrt. Darin besteht der Zauber der Geschichtenschleife. Das wird aber nicht jedes Mal der Fall sein. Wichtig ist, den Kindern die Entscheidung selbst zu überlassen. Ebenso müssen Sie akzeptieren, dass einige Ihrer Geschichten Blindgänger sind. Daran ist nichts verkehrt.

Die Beispiele in diesem Kapitel sind überwiegend etwas skurril, weil die meisten Menschen auf diese Weise mit dem Erzählen anfangen. Diese einfachen Geschichten schaffen eine Vertrautheit, die es manchen Erzählenden mit der Zeit ermöglicht, auch in komplizierteren Situationen Brücken zu finden, etwa bei Verletzungen, einer schwierigen zwischenmenschlichen Begegnung oder dem Tod eines geliebten Menschen. In späteren Kapiteln gehen wir noch genauer darauf ein, aber hier kommt erst einmal ein einfaches Beispiel:

Stellen Sie sich ein Kind vor, das oft seine Jacke vergisst – in der Schule, im Park, bei einer Freundin. Eltern sind dann oft frustriert und ermahnen das Kind, beim nächsten Mal aber wirklich an die Jacke zu denken. Das Kind ist verlegen und verspricht, das zu tun, macht es aber doch nie. Das Ganze wächst sich allmählich zum Reizthema zwischen Kind und Elternteil aus.

Nutzen wir die Jacke als Brücke und machen daraus eine Geschichte über einen Bären, der schwimmen gehen wollte und seinen Pelz auszog. Er ließ ihn am Ufer liegen, vergaß ihn dort und stellte zu Hause peinlich berührt fest, dass er nackt war. Vielleicht brach der Winter herein und der Bär musste sich auf eine große Suche nach seinem Pelz begeben – und fand heraus, dass ein paar Eichhörnchen und ein Kaninchen ein Zelt daraus gebaut hatten. So eine Geschichte bringt das Kind zum Lachen, während sie ihm behutsam, aber wirkungsvoll die beabsichtigte Botschaft übermittelt – und das ganz ohne Kritik. Vielleicht vergisst das Kind die Jacke immer noch, aber jetzt kennen wir einen Kniff, um die Spannung aufzulösen: »He! Sei kein nackter Bär!« ist eine liebevolle und gleichzeitig lustige Erinnerung an das Kind, an seine Jacke zu denken. Solche Geschichten führen Kind und Bezugsperson zusammen, statt sie durch Etiketten wie »Problem« und »Meckerer« voneinander zu entfernen.

★ ÜBUNG 1: *Einfach nur beobachten*

Bevor Sie sich eine Geschichte ausdenken, suchen Sie zunächst in der Umgebung Ihres Kindes nach Brücken ins Geschichtenland. Das können Spielzeuge, Aktivitäten, Orte oder Essen sein. Was begeistert Sie beide oder bringt Sie zum Lachen? Seien Sie dabei ruhig aufrichtig. Zu den Beispielen in diesem Kapitel gehörten Feen, Puppen und Insekten, aber vielleicht finden Sie Ninja Turtles oder Computerspiele ja aufregender? Was auch immer Ihre Aufmerksamkeit fesselt: Versuchen Sie, darin Brücken oder Türen ins Geschichtenland zu sehen. Wohin sollen sie führen?

BEISPIELGESCHICHTE

Der Metallrohrwichtel

Von Joseph Sarosy

Die folgende lustige Geschichte zeigt, wie man die Geschichtenschleife einsetzt. Sie werden den Anker (das Element aus der Wirklichkeit), mit dem wir anfangen, deutlich erkennen und auch, wie die Geschichte eine Brücke zwischen dieser Wirklichkeit und unserer Fantasie schlägt. Am Ende werden Sie erkennen, dass Eltern und Kinder eine greifbare, neue Wirklichkeit spürten.

Ich saß im Auto meines Freundes auf dem Beifahrersitz und wir fuhren über die zweispurige Schnellstraße, während unsere Töchter, fünf und sechs, sich auf dem Rücksitz ein Bilderbuch ansahen. Wir waren schon eine halbe Stunde unterwegs, und es würde noch eine ganze Weile dauern, bis wir am Ziel waren. In den Autos vor und hinter uns saßen ebenfalls Eltern mit ihren Kindern. Die ganze Kindergartengruppe war auf dem Weg zu Farmer Ron und freute sich schon auf das Wiedersehen mit seinen Obstplantagen und Feldern.

Aber es ging nur langsam voran. Da gerade eine große Gasleitung verlegt wurde, war die zweispurige Straße mit dem wunderbaren Ausblick auf den Rio Grande zur Rechten stellenweise auf eine Spur verengt. Immer wieder mussten wir an einem Warnposten anhalten und beobachteten in der Autoschlange, wie Arbeiter in orangefarbenen Jacken und gelben Geräten große Stahlrohre an Ort und Stelle hievten.

»Papa, mir ist langweilig«, sagte die Tochter meines Freundes und ließ das Buch fallen. »Erzählst du uns eine Geschichte?«

»Na ja ... ähm ...«, druckste mein Freund herum. Von der ersten Silbe an war klar, dass er keine parat hatte. Geschichten – woher kommen die eigentlich? Wenn man sie doch nur einfach vom Baum pflücken könnte ...

Ich hörte geduldig zu, wie mein Freund und seine Tochter einige Minuten lang verhandelten. Das Gequengel und Unbehagen wurden immer stärker, während es auf der Straße nicht voranging. Ich saß wortlos da und versuchte, höflich zu bleiben. Als klar wurde, dass von meinem Freund keine Geschichte kommen würde, wagte ich eine Unterbrechung. »Ich sag euch was«, bot ich an, »ich erzähle euch eine Geschichte. Aber es gibt dabei eine Regel ...«

»Welche?«

»Ihr dürft sie nicht gut finden.«

Die Mädchen lachten. Mein Freund kicherte. Um jede mögliche Verwirrung auszuräumen, meldete meine Tochter sich zu Wort. »Das sagt er nur so«, erklärte sie kopfschüttelnd. »Aber es stimmt nicht.«

»Du stimmst nicht«, stichelte ich. Sie verdrehte die Augen. Ich liebe dieses Spiel.

»Also«, begann ich, »ihr wisst doch, dass Silke immer Geschichten von Wichteln erzählt?«

»Ja ...«

Während mein Freund mit seiner Tochter verhandelte, hatte ich Zeit gehabt, die Umgebung in Augenschein zu nehmen. Ich hatte kein Schiffchen und keine moosbedeckte Burg. Ich hatte nicht mal eine Plastikpuppe. Aber ich hatte Metallrohre. Kilometerweise. Wo man auch hinsah, war die Erde aufgerissen. Arbeiter mit Schutzhelmen trugen Harken und Schaufeln vorbei, steuerten Maschinen und richteten Plasmabrenner auf große Stahlrohre, um sie festzuschweißen. Nicht gerade das Paradies, aber damit konnte man arbeiten.

»Also«, sagte ich, da ich noch nicht wusste, welche Geschichte ich gleich erzählen würde, *»ein Wichtel war gerade auf dem Weg nach Taos.«* Ich stellte ihn mir vor: einen untersetzten kleinen Kerl mit einem spitzen Hut. *»Er ging die Straße entlang, diese Straße, und er hatte sich auf den Weg gemacht, um den Menschen bei den Weihnachtsvorbereitungen zu helfen.«* Silke hatte uns in dieser Woche gerade von den Weihnachtswichteln erzählt, die in deutschen Märchen auftauchen und den Menschen vor Weihnachten bei kleinen Aufgaben wie Holzhacken und Herdputzen helfen. Die Mädchen wussten das, und sie wussten auch, dass niemand die Wichtel sehen durfte.

»Er lief am Straßenrand zwischen dem Gras und dem Gebüsch entlang, damit ihn niemand sah. Plötzlich stand er vor einem großen Erdhaufen. Es herrschte ein riesiges Durcheinander, überall waren Rohre und Maschinen, alle möglichen Geräte und anderes Zeug. Zum Glück war Wochenende und alle Arbeiter waren zu Hause. Wahrscheinlich steckten sie mitten in den Weihnachtsvorbereitungen.«

Die lange Autoschlange aus der Gegenrichtung blieb endlich stehen und das Lotsenauto fuhr nach einer Wendung wieder in die andere Richtung zurück. Der Warnposten vor uns drehte sein Schild von »Stopp« auf »Langsam weiterfahren«, und wir bewegten uns zentimeterweise voran.

»Also, der Wichtel begann, über das ganze Zeug zu klettern, aber er kam nur sehr langsam voran. Er musste auf Matschhügel steigen und es gab nicht viel Gras zum Verstecken, also rannte er von Maschine zu Maschine. Es war alles ganz schön anstrengend.

Plötzlich kam ein Auto mit quietschenden Bremsen um die Kurve gefahren. Er brauchte schnell ein Versteck! Aber er sah keins. Er guckte nach links. Er guckte nach rechts. Dann entdeckte er über sich ein großes Stahlrohr und hüpfte hinein.«

Die Mädchen kicherten. Mein Freund prustete. Ehrlich gesagt, war ich bis dahin nicht ganz sicher gewesen, wohin die Geschichte führen würde. Ich redete einfach immer weiter, bis ich einen Halt fand. Aber jetzt, mit dem Wichtel in einem riesigen Stahlrohr, begann ich zu lächeln. Ich konnte die Geschichte *fühlen*.

»Da drin war es dunkel«, sagte ich und wurde allmählich warm mit der Erzählung. *»Er sah sich um und versuchte, sich zu orientieren, aber er konnte nichts erkennen.«* Inzwischen fuhren wir wieder in normalem Tempo. *»Doch dann hörte er etwas.«* Ich machte eine Pause, als ob ich lauschte. »Ding. Ding. Pling, plong, pling … *Es war schwer zu sagen, was es war, aber es klang, als ob kleine Metallstücke aneinanderschlugen oder wie … wie … eine Gabel, die auf den Boden fällt.* Pling, plong, pling …

Es war überall. Die Geräusche kamen aus allen Richtungen und erfüllten das ganze Rohr. Pling. Dong. Pling-plong … *Der Wichtel bekam ein bisschen Angst, aber dann sah er etwas. Ein Licht tauchte auf.«* Ich hielt inne.

Finsternis. Kleine, magische Dinge, die wir nicht sehen können, in echten Dingen. Ein Licht leuchtet auf. Bevor ich den Mädchen erzähle, was in dem Rohr war, würde ich gerne eine Frage stellen: Was sehen Sie? Was haben die Mädchen gesehen? Darum geht es uns. Im Auto saßen vier Menschen, aber jeder hat mit seinen eigenen Augen gesehen. Die Geschichte war jetzt mit der realen Welt verknüpft, die wir deutlich mit unseren echten Augen wahrnahmen, aber sie weckte auch die Kreativität und das innere Sehen jedes Einzelnen von uns. Und sie verband uns zu einer Gruppe. Darin besteht der Zauber des Geschichtenerzählens.

»*In einiger Entfernung*«, fuhr ich fort, »*konnte der Wichtel plötzlich etwas erkennen. Es war nicht ein Etwas, es waren viele. Es waren … na ja, vielleicht sogar Hunderte Etwasse. Oder Tausende.* Pling, plong, pling. *Als sie näherkamen, sah der Wichtel, dass es Hunderte winzig kleiner Maschinen waren. Sie hatten dieselbe Farbe wie das Rohr, fast so, als wären sie aus ihm gekommen, winzige Roboter mit kleinen Rädern, Armen und Drehachsen. Einer hatte einen riesigen Bohrer als Arm und einer ein kleines Plasmaschweißgerät. Plötzlich verwandelte sich einer in einen Bulldozer, schob ein bisschen Metallschrott beiseite und verschmolz dann mit dem Schrott zusammen wieder mit der Rohrwand.*

›Wow‹, sagte der Wichtel, als ihm klar wurde, dass in Wirklichkeit diese kleinen Maschinen die Pipeline bauten. Die Arbeiter draußen, na ja, die dachten zwar, dass sie etwas taten, aber in Wirklichkeit waren sie einfach irgendwie nur dabei. Die echte Arbeit machten diese winzigen Maschinen.

Schließlich kam einer der Roboter auf ihn zu und ließ seine Glühlampenaugen freundlich aufblitzen. Er öffnete ein Fach in seinem Bauch und holte einen Teller mit Käse und Crackern heraus. Wichtel lieben Käse und Cracker! Und tatsächlich hatte er vom langen Laufen auch ganz schön Hunger bekommen. Der kleine Roboter hielt dem Wichtel den Teller hin. Der Wichtel biss von einem Cracker ab. Er schmeckte köstlich.«

Unser Auto bremste ab – noch ein Warnposten, ein idealer Moment, um etwas anderes in der Geschichte hervorzuheben. Ich hörte genauso zu wie alle anderen. Die besten Geschichten sind für mich diejenigen, die ich in diesem Augenblick sehen kann, weil das bedeutet, dass meine Fantasie beteiligt ist. Ich denke nicht über sie nach. Ich übe sie nicht und erzähle sie auch nicht noch einmal. Es ist sogar so: Wenn ich doch einmal versuche, eine Geschichte zu wiederholen, geht das meistens schief. Ich lasse mich gern von meiner Umgebung beeinflussen. Ich mag es, die Bäume und den Straßenrand in meine Geschichten einzuflechten. Wenn ich das tue, wenn ich wirklich zuhöre, dann ist es fast, als spräche die Erde selbst in diesem Moment durch mich. Geschichten passieren einfach. Ich muss nur zusehen. Die Worte, die ich ausspreche, sind überwiegend nur eine Beschreibung dessen, was ich sehe, oder vielleicht dessen, was ich gern sehen würde. Ich war zwar derjenige, der die Geschichte erzählt hat, aber ich habe genauso zugehört wie alle anderen auch. Niemand von uns hat dasselbe gesehen, aber wir haben es trotzdem miteinander geteilt. Alles passierte in unserem Inneren. Ich war nur derjenige, der sprach.

»Also, nachdem der Wichtel den Käse und die Cracker aufgegessen hatte, sah er auf und bemerkte, dass die Roboter um ihn herumstanden. Er blickte auf den Teller, auf dem nur noch ein paar Krümel lagen, und hatte plötzlich ein schlechtes Gewissen. Er hatte alles allein aufgegessen. Schuldbewusst sah er auf, aber dann bemerkte er etwas: Einer der Roboter winkte freund-

lich mit dem Arm, als wollte er sagen: ›Nein, nein … ist schon in Ordnung.‹ Der Roboter ging zur Rohrwand hinüber (es war ein Roboter mit Beinen) und klopfte dreimal: Pling, plong, pling. *Plötzlich schwang wie bei einem Schrank eine große Tür auf. Dahinter waren noch mehr Roboter und sie reichten kleine Flaschen mit Öl durch die Tür. Die Roboter gaben sie weiter, öffneten sie und tranken sie durstig aus …* gluck, gluck, gluck.

Der erste kleine Roboter wischte sich den Mund mit dem Arm ab. ›Ahhh‹, sagte er ganz erfrischt nach diesem seltsamen Getränk. Dann hoben alle ihre Flaschen und riefen: ›Auf dich!‹, und prosteten dem kleinen Wichtel zu. Er lächelte.

Du liebe Güte. Dem kleinen Wichtel war es ganz wohlig und warm im Bauch. Er war so überrascht gewesen, als er all die kleinen Maschinen im Rohr gefunden hatte, und jetzt waren sie alle so freundlich zu ihm! Toll. Aber als er seine neuen Freunde ansah, fiel ihm ein, dass er immer noch nach Taos musste, und er begann sich zu fragen, wie er wohl dort hinkommen sollte.

Einer der Roboter las seine Gedanken, lief zur Wand des Rohres, klopfte zweimal – bong, bong *– und öffnete eine weitere kleine Tür. Ein Regalbrett klappte herunter und darauf stand ein winziges Paar Rollschuhe. Der Roboter nahm sie und hielt sie dem Wichtel hin. Dann erklärte er ihm, dass das Rohr direkt nach Taos führte und er fast den ganzen Weg im Rohr zurücklegen konnte.*

Oh Mann, dachte der kleine Wichtel. Die sind alle so nett! Er schnallte die Rollschuhe um, sah seine Freunde an und fast wären ihm die Tränen gekommen. Er war traurig, weil er sich verabschieden musste. ›Oh, mach dir keine Sorgen‹, sagte einer der Roboter, ›wir sind immer hier. Du kannst uns jederzeit besuchen kommen.‹ Da bedankte sich der Wichtel und winkte allen zum Abschied zu. Er wusste, dass er sie wiedersehen würde. Die

Roboter traten beiseite, winkten und jubelten ihm zu. Schließlich gab einer ihm einen kleinen Schubs.

Zuerst rollte der Wichtel ganz langsam los. Er hatte noch Zeit, sich ein- oder zweimal umzudrehen und zu winken, aber bald nahm er ordentlich Fahrt auf. Pling-plung *machte es, als er über die Schweißnaht am Ende des Rohres ins nächste Rohrstück fuhr.* Pling-plung, pling-plung *fuhr er durch ein Rohr nach dem anderen. Er hatte noch einige Kilometer vor sich, aber abgesehen von den Schweißnähten war es eine sehr glatte Fahrt. Ab und zu sah er noch mehr Roboter, aber wenn er herangesaust kam, verwandelten sie sich und verschmolzen mit den Rohrwänden. Ein paarmal drehte er sich um und sah zu, wie sie mit einem* kling-plong *wieder aus den Wänden herauskamen und mit dem weitermachten, was sie gerade getan hatten. Er winkte. Sie winkten. Es war fantastisch.«*

Wieder fuhren die Autos in Gegenrichtung endlich an uns vorbei, das Lotsenauto wendete, der Warnposten drehte das Schild um und unser Auto fuhr weiter.

»Es war eine lange Reise durch das Rohr. Der Wichtel rollte stundenlang weiter. Manchmal machte er einen Schlenker oder drehte eine kleine Pirouette. Weil er so schnell war, konnte er auch an den Wänden der Rohre fahren und sogar über Kopf! Schließlich, nach einer ganzen langen Weile, erkannte er allmählich etwas vor sich. Ein helles Licht. Ein bläulich-grünlich-weißes Licht. Und es kam schnell näher.

Stellt euch vor: Es war inzwischen heller Morgen. Der Wichtel war die ganze Nacht durch das Rohr gefahren. Als er ans Ende kam, wurde es draußen schon wieder hell. Es war Montag und die Arbeiter kehrten nach dem Wochenende auf die Baustelle zurück. Einige hatten ihre Schaufeln geschultert. Manche waren auf ihre Schlepper und Kräne gestiegen, andere holten ihre Schweißgeräte hervor. Natürlich war das alles vollkommen unnötig, denn in Wirklichkeit machten ja die Roboter im Rohr die ganze Arbeit. Aber Menschen brauchen ja auch eine Arbeit.

Gerade, als der Wichtel auf das Ende des Rohres zuraste, hob einer der Kranführer es hoch, um es mit dem nächsten Stück zu verbinden. Aber inzwischen fuhr der Wichtel einfach zu schnell. Schneller als unser Auto. Wie ein Blitz flitzte er durch das Rohr. Plötzlich wurde ihm klar, dass er anhalten musste. Aber wie? Er war viel zu schnell. Das Licht kam näher und näher. Er konnte nichts tun. Er fuhr über die letzte Schweißnaht, pling-plung, hob ab und flog geradewegs auf die Öffnung zu.

Fump! Der kleine Wichtel schoss aus dem Rohrende heraus … in den Himmel. Einen kurzen Augenblick lang dachte einer der Arbeiter, er hätte ein winziges Männchen mit Rollschuhen gesehen, das da aus dem Rohrende herausschoss. Er rieb sich die Augen, blinzelte und griff dann nach seinem Kaffee. Ich bin wohl noch nicht ganz wach, dachte er.

Inzwischen flog der Wichtel immer höher in die Luft. Er war sogar so schnell, dass er bis in die Wolken flog. Schließlich wurde er langsamer. Er betrachtete die kilometerlange Rohrleitung unter sich, den blauen Himmel über sich, den Fluss neben der Straße, die Autos, die Arbeiter, die Maschinen. Es war ein herrlicher Anblick. Die ganze Nacht war er durch diese Leitung gefahren und hatte Schwung gesammelt. Jetzt schoss er durch die Luft wie eine kleine Wichtel-Kanonenkugel.

Und hier müssen wir den kleinen Wichtel kurz in der Luft hängen lassen, denn die Roboter am Anfang der Leitung hatten die ganze Zeit genau gewusst, was Sache war. Sie waren ja nicht dumm. Sie hatten eine Krisensitzung abgehalten und drei von ihnen wurden ausgewählt, aus dem Rohr zu klettern und zum Fluss zu gehen. Dort lebte ein Graureiher, der einmal versucht *hatte, ein Nest im Rohr zu bauen. Das war eine ganz schöne Aufregung gewesen. Na jedenfalls baute er sein Nest schließlich unten am Fluss. Inzwischen hatten sich die Roboter mit ihm angefreundet, genau wie mit dem Wichtel. Die Roboter erzählten dem Graureiher von dem Wichtel. Und von Weihnachten, Wichteln, Holzhacken und all dem, und dann flog der Reiher fort in Richtung Norden. Gerade rechtzeitig: Als der Wichtel wieder auf die Erde stürzte, landete er auf einer weichen Schicht Federn. Graureiher, Leute. Die sind echt klasse.*

Also, ich könnte euch noch viel mehr erzählen, aber das Wichtigste ist, dass der Wichtel es nach Taos schaffte. Er half einer Familie dabei, Feuerholz zu hacken, aber nur, wenn sie nicht hinsahen. Und nachts wusch er das Geschirr ab. Er schnallte sich Schwämme unter die Füße und fuhr wie auf Schlittschuhen über die Böden, um sie sauber zu machen. Den Katzen gefiel das gar nicht, aber sie kriegten ihn nicht. So was machen Wichtel nämlich. Sicher auch bei euch zu Hause, aber jetzt ist die Geschichte zu Ende. Erst mal.«

Im Auto herrschte ein kurzes Schweigen. Inzwischen waren wir an der Baustelle vorbei und fuhren auf unser Ziel zu. Der Hof von Farmer Ron ist ein zauberhafter Ort mit Himbeeren, Äpfeln und Mais in allen Regenbogenfarben. Nun würde es nicht mehr lange dauern. Schließlich brachen die Mädchen das Schweigen. »Das war die beste Geschichte aller Zeiten!«, riefen sie von der Rückbank. »Erzählst du uns noch eine?«

Ich lächelte und sagte dann: »Nein, nur die eine.« Ich lehnte mich zurück und betrachtete die freie Straße vor uns, die letzten zitternden braunen Blätter an den Pappeln, und lächelte freundlich, als die Mädchen versuchten, mich zu einer weiteren Geschichte zu überreden. Sie bettelten ein paar Minuten, aber ich blieb fest. Geschichten zu erzählen hat etwas Spontanes, Wildes und Freies, aber es braucht auch Kreativität. Es dauerte nur ein, zwei Minuten, bis sie meinen Entschluss akzeptiert hatten und begannen, sich die Geschichte noch mal zu erzählen, diesmal mit ganz neuen, überraschenden Wendungen. Mein Freund und ich atmeten auf und lauschten zufrieden ihrem Gekicher. Das ist die Geschichtenschleife: eine Wirklichkeit, die durch eine Geschichte zu einer neuen Wirklichkeit wird.

2.

Bleiben Sie authentisch!

Manche Menschen sind geborene Erzähler. Andere scheuen eher davor zurück. Manche geben wilde, spannungsgeladene Epen zum Besten, andere beschreiben einen Spaziergang durchs Gras. Wieder andere wollen ihre Zuhörer zum Lachen bringen. Es gibt so viele Möglichkeiten, Geschichten zu erzählen, wie Menschen auf der Welt leben, und selbst ein und dieselbe Person erzählt ihre Geschichten mal so und dann wieder ganz anders.

Wenn Sie eine Geschichte erzählen, schenken Sie Ihrem Kind *sich selbst* – Ihre Konzentration, Liebe und Aufmerksamkeit. Es stimmt, dass eine gute Geschichte die Zuhörenden packen und an einen anderen Ort tragen kann. Vor allem aber sollte sie authentisch sein. Das Ziel ist nicht die perfekte Geschichte, sondern die mit ihr geschaffene Verbindung. Beim Erzählen geht es also hauptsächlich darum, anwesend zu sein und aufmerksam. Es geht darum, genau der Mensch zu sein, der Sie sind – ganz gleich, ob berühmter Rockstar oder stille Bibliothekarin.

In unserer Schule bringen wir manchmal Eltern oder Gäste aus dem Konzept, indem wir sie bitten, eine Geschichte zu erzählen. Man sieht fast auf der Stelle, wer sich dabei wohlfühlt. Am besten gelingt es denen, die einfach sie selbst sind. Sie überlegen kurz und erzählen dann eine kleine Geschichte, vielleicht

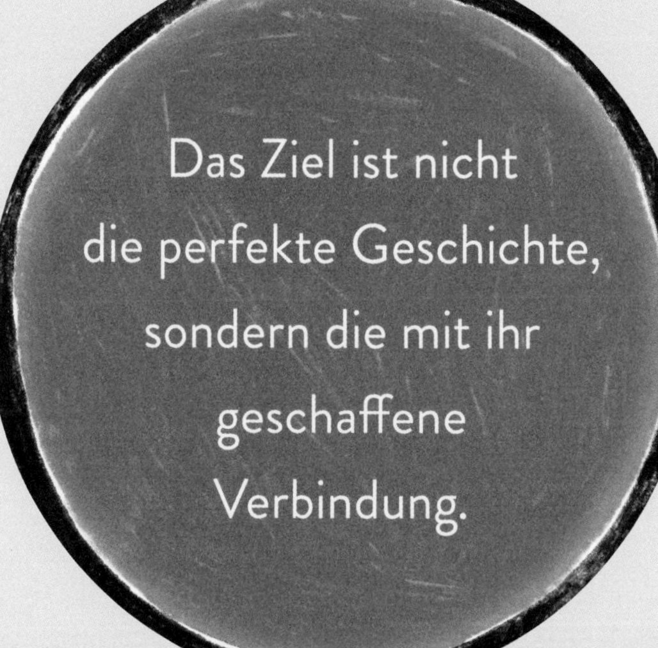
Das Ziel ist nicht
die perfekte Geschichte,
sondern die mit ihr
geschaffene
Verbindung.

über einen Marienkäfer, eine Schneeflocke oder über etwas Ungewöhnliches, das an diesem Tag passiert ist. Diese Geschichten sind selten wirklich umwerfend, aber die Kinder lieben sie. Sie wollen wissen, wer die Person hinter der Geschichte ist. Sie merken auch, wenn jemand sich ganz auf sie einlässt. Ob die Geschichte ein bisschen zu kurz oder merkwürdig ist, spielt dabei kaum eine Rolle. Hauptsache, sie ist echt.

Im Gegensatz dazu stehen die – oft sehr intelligenten – Eltern, die sich das Hirn zermartern, auf ihren Lippen herumbeißen und sich dann damit herausreden, dass sie nicht vorbereitet sind. Sie glauben nicht, dass sie eine gute Geschichte erzählen können, also erzählen sie gar nichts. Wir kennen das alle, und die Reaktion ist absolut verständlich. Als Erwachsene vergeben und vergessen wir. Aber bei den Kindern kommt vor allem eine Botschaft an: Ich habe euch nichts zu sagen.

Eltern, die beim Geschichtenerzählen ins Straucheln kommen, fallen meist dem Tolle-Geschichte-Trugschluss zum Opfer: Sie glauben, dass sie eine tolle Geschichte erzählen müssen, um ein toller Erzähler zu sein. Gegen eine tolle Geschichte ist natürlich nichts einzuwenden, aber die Suche danach mutiert oft zu einer Jagd nach einem flüchtigen Fabelwesen. Wir glauben, wir müssten die größte und spannendste Geschichte aller Zeiten erzählen. Gleichzeitig fühlen wir uns aber allzu leicht eingeschüchtert, wenn wir an Blockbuster wie *Spiderman* und *Arielle* denken. Wir fürchten, dass unsere Geschichten da nicht mithalten können.

Bei dieser Suche entfernen wir uns von unserem authentischen Kern, während wir versuchen, das scheue Fabelwesen zu fangen (oder die dazugehörige Geschichte auswendig zu lernen) und es unseren Kindern darzubieten. Wenn das für Sie funktioniert – in Ordnung. Verspüren Sie Selbstzweifel, funktioniert es nicht. Kommen Sie zu sich zurück und erzählen Sie eine einfache Geschichte.

Wer seine Geschichten erzählen will, muss sie wertschätzen, auch die einfachen. Und wer seine Geschichten wertschätzen will, muss sich selbst wertschätzen. Sie müssen daran glauben, dass das, was Sie ausmacht, Ihr innerstes Wesen, es wert ist, erzählt zu werden. Für die meisten von uns ist das keine einfache Aufgabe, aber eine wichtige Botschaft, die wir unseren Kindern vorleben und dadurch vermitteln sollten. Die Vertrautheit des Geschichtenerzählens kann tatsächlich eine wunderbare Gelegenheit bieten, aus der Deckung zu kommen und sichtbar zu werden. Geschichten, die aus dieser Haltung heraus erzählt werden, werden am Ende des Tages gewinnen.

Fragt uns ein Kind nach einer Geschichte, bittet es nicht um eine Erzählung, sondern um unsere Aufmerksamkeit. Schenken Sie ihm diese voll und ganz, werden die Geschichten bald nahezu mühelos fließen. In diesem Kreislauf aus Wohlbefinden, Vertrautheit und Geschichten wird sich Ihr Erzählgeschick mit der Zeit schneller entwickeln als mit jedem Expertentipp. Sie werden diese Beschäftigung nicht mehr als reine Wiedergabe einer Erzählung betrachten, sondern als eine gemeinsame Erfahrung.

Wenn Sie Ihr Erzählen auf Nähe und Authentizität gründen, wird Ihr Kind erpicht darauf sein, immer wieder ins Geschichtenland zu reisen – und was noch wichtiger ist: Sie ebenfalls. Sind Ihre Geschichten aber von innerer Frustration oder dem Druck begleitet, alles »richtig zu machen«, dann bleiben sie als negative Erfahrungen in Erinnerung, selbst wenn die Geschichte gut funktioniert. Dann wird das Geschichtenerzählen sich nach Arbeit anfühlen, nach einer lästigen Pflicht. Lassen Sie aber Ihr innerstes Wesen sprechen, ohne große Anspruchshaltung, schaffen Sie angenehme und reizvolle Erfahrungen. Ihre Erinnerungen sind dann mit Leichtigkeit und Frieden erfüllt, vielleicht mit Freude und Lachen oder sogar Stolz. Das wird es Ihnen leichter machen, immer und immer wieder neue Geschichten zu erzählen.

Ihr oberstes Ziel, noch bevor Sie Ihre erste Geschichte erzählen, besteht darin: Bleiben Sie authentisch. Sie können keine guten Geschichten erzählen, wenn Sie sich verstellen. Diese einfache – und gleichzeitig so schwer zu befolgende – Regel entscheidet darüber, ob aus jemandem eine Geschichtenerzählerin wird oder nicht. Egal, ob Sie eine Bilderbuchmutter mit goldblonder Flechtfrisur sind oder ein Busfahrer in grauer Hose: Erzählen Sie *Ihre* Geschichten. Seien Sie echt. Ihr Kind wird Sie dafür lieben.

Wenn wir mit uns und unseren Kindern gnadenlos aufrichtig sind, können wir uns auf die Suche nach dem begeben, was uns wirklich Freude bringt und unsere Kreativität sprudeln lässt. Wer Geschichten erzählen möchte, sollte seinen Terminkalender kennen und seine Stimmungen aufmerksam beobachten: Wann fließen die Geschichten am besten? Wann fühlt sich Erzählen nach Arbeit an? Nein zu sagen ist in Ordnung, wenn wir müde sind.

Eine Geschichte zu hören, kann besonders spannend sein, wenn wir beobachten, wie der Erzähler sich von seiner eigenen Geschichte mitreißen lässt. Das fesselt unsere Aufmerksamkeit. Wir spiegeln seine Begeisterung, sehen sie in seinen Gesichtsausdrücken und spüren sie in seinem Tonfall. Wie Abraham Maslow und spätere Psychologinnen und Psychologen betonten, trägt es entscheidend zum allgemeinen Wohlbefinden eines Menschen bei, wenn er seine Kreativität ausdrücken kann. Ein guter Geschichtenerzähler lässt sich daher von seinem eigenen Tun bereichern. Er erzählt Geschichten, weil er gern Geschichten erzählt, und er schätzt die Nähe und die Verbundenheit, die sie mit sich bringen.

★ ÜBUNG 2: *Erzählen Sie sich selbst eine Geschichte*

Ob Sie nun Kindern schon mal Geschichten erzählt haben oder ob das Ihr erstes Mal ist: Nehmen Sie sich jetzt einmal die Zeit, sich selbst eine zu erzählen. Gehen Sie mit Ihrer Geschichte genauso um, als würden Sie sie Ihrem Kind erzählen. Wählen Sie eine Zeit und einen Ort, die Ihnen gut passen, und stellen Sie sicher, dass Sie nicht unterbrochen werden. Suchen Sie ein Objekt oder eine Aktivität, die Ihre Aufmerksamkeit auf sich zieht, ob direkt vor Ihren Augen oder etwas von heute Morgen – und nutzen Sie es als Brücke in Ihre Geschichte. Achten Sie darauf, ob Sie lachen müssen. Verspüren Sie Neugier, Aufregung oder vielleicht Unsicherheit, Unbehagen oder Langeweile? Können Sie etwas tun, um die Situation angenehmer zu gestalten? Beobachten Sie in den folgenden Stunden oder Tagen, ob die Verbindung zu Ihrer Brücke noch besteht. Wiederholen Sie diese Übung nach Möglichkeit morgens, mittags und abends. Bemerken Sie Unterschiede?

ÜBUNG 3: *Erzählen Sie Ihrem Kind eine Geschichte*

Vielleicht haben Sie schon damit begonnen, Ihrem Kind Geschichten zu erzählen. Oder vielleicht ist Ihr Kind auch noch gar nicht geboren! Erzählen Sie Ihrem Kind nun unabhängig von Ihrer Situation oder Erfahrung eine Geschichte nach der Methode in Kapitel 1 (Die Geschichtenschleife). Wählen Sie einen schönen Ort und eine günstige Zeit, damit Sie nicht unterbrochen werden.

Entspannen Sie zunächst einmal Ihren Körper. Suchen Sie sich einen Ort und eine Haltung, die sich für Sie gut anfühlen. Schließen Sie die Augen, wenn Sie das als natürlich empfinden. In unserer Schule liegen wir oft auf dem Rücken und sehen in die Wolken, während wir Geschichten erzählen. Bitten Sie Ihr Kind, sich neben Sie oder in Ihrer Nähe auf den Boden zu legen. Achten Sie darauf, wie Ihre Brust sich mit jedem Atemzug hebt und senkt. Nehmen Sie Ihre Umgebung wahr, aber schenken Sie ihr nicht zu viel Aufmerksamkeit.

Suchen Sie nach einer Sache oder Aktivität, die Ihr Kind wiedererkennt, und nutzen Sie sie als Brücke in Ihre Geschichte. Achten Sie darauf, ob Sie lachen müssen, Neugier, Aufregung oder vielleicht Unsicherheit, Unbehagen oder Langeweile verspüren. Was auch geschieht, lassen Sie die Empfindung vorbeiziehen. Halten Sie sie nicht fest. Nehmen Sie sie einfach wahr. Beobachten Sie hinterher, ob bei Ihrem Kind eine Verbindung zur Brücke bestehen bleibt.

BEISPIELGESCHICHTE

Ein Dorf in Deutschland

Von Silke Rose West

Mir war klar, dass meine Töchter in der Wüste des amerikanischen Südwestens ganz anders aufwachsen würden als ich auf einem kleinen Bauerndorf in Deutschland. Unsere Familienkultur hielt ich unter anderem mit Geschichten lebendig wie der, die Sie unten lesen. Ich war die Hauptfigur, das kleine Mädchen. Die Geschichten waren simpel. Wenn ich sie erzählte, griff ich auf viele schöne, herzerwärmende Erinnerungen zurück. Meine Familie war weit weg, meine Großmutter war gestorben, aber über die Geschichten blieben wir verbunden. Das ist die Gabe einer guten Geschichte – sie erfreut die Erzählerin genauso wie die Zuhörer. Meine Töchter sind inzwischen erwachsen, aber Geschichten wie diese faszinieren die Kinder in meinem Kindergarten noch heute. »Erzähl uns von deinem Dorf«, bitten sie. In Wirklichkeit meinen sie damit: »Erzähl uns von dir.«

»Es war einmal ein kleines Mädchen in einem Dorf in Deutschland. Ihre Eltern hatten viel mit den Kühen und auf den Feldern zu tun, deshalb verbrachte sie viel Zeit bei ihrer Oma und ihrem Opa, die sie sehr lieb hatten. Jeden Freitag backte Oma Brot für den Sonntag. Das kleine Mädchen freute sich jede Woche auf

das süße, köstliche Brot, genau wie der Rest der Familie. Aber eines Tages hatte Oma nicht genug Butter im Haus, um das besondere Brot zu backen. ›Was mache ich denn jetzt?‹, fragte sie.

Das kleine Mädchen wusste, dass ihre Oma das Brot backen musste, also bot sie an, in den Laden zu gehen und Butter zu kaufen. Sie war noch klein und konnte nicht lesen und schreiben, aber sie war alt genug, um allein durch das kleine Dorf bis zum Laden zu gehen. Jeder im Dorf kannte sie. Unterwegs redete und sang und summte sie vor sich hin und grüßte alle, denen sie begegnete. Oma hatte ihr einen Zettel geschrieben, auf dem stand: 1 Pfund Butter. Sie steckte ihn zusammen mit einem Portemonnaie in einen Stoffbeutel. ›Komm gleich wieder nach Hause, wenn du die Butter gekauft hast‹, ermahnte Oma sie. ›Halte dich nicht zu lange dort auf.‹ Oma wusste, wie gern die Kleine mit anderen schwatzte, und das Brot musste im Ofen sein, bevor die Kirchenglocke läutete.

Auf dem Weg zum Laden begegnete das kleine Mädchen dem Kuckucksuhrenmacher. Der alte Mann zeigte gern seine fertigen Uhren, die immer sehr kunstvoll geschnitzt waren. Er winkte dem kleinen Mädchen vom Scheunentor aus zu und sagte: ›Komm rein und sieh dir die Uhr an, die gerade fertig geworden ist!‹ Das Mädchen hielt kurz inne, sagte dann aber: ›Ich muss zuerst zum Laden, aber auf dem Heimweg komme ich vorbei!‹

Der Dorfladen hatte eine Türglocke, damit die Besitzerin es hörte, wenn jemand hereinkam. Der Laden war nämlich in ihrem Haus und sie hatte noch zwei Kinder, um die sie sich kümmern musste. An diesem Tag war niemand im Laden und das kleine Mädchen kam sofort dran. ›Heute ist also Backtag und deiner Oma ist die Butter ausgegangen, ja?‹, fragte die Ladenbesitzerin. ›Ja‹, antwortete das Mädchen, ›und das Geld ist im Beutel.‹ Sie lächelte. Sie fühlte sich sehr erwachsen. Die Ladenbesitze-

rin, die die Familie des Mädchens gut kannte, steckte die Butter zusammen mit dem Wechselgeld und dem Bon in den Beutel. ›Hier ist noch eine Gummischlange für dich‹, sagte sie. ›Und sag deiner Großmutter, dass der neue Stoff nächste Woche kommt.‹

Das kleine Mädchen machte für ihr Leben gern Besorgungen. Sie bekam jedes Mal etwas Süßes geschenkt und war immer sehr stolz, dass sie schon ganz alleine einkaufen konnte, obwohl sie erst fünf war.

Der Kuckucksuhrmacher wartete immer noch vor dem Scheunentor. ›Sieh mal‹, sagte er, ›hier ist sie!‹ Er hatte die Uhr nach draußen gebracht und das Mädchen betrachtete staunend die herrlichen Schnitzereien. ›Du machst das immer so toll!‹, sagte sie. Der alte Mann strahlte. ›Aber jetzt muss ich schnell zu Oma. Ich erzähle ihr von der neuen Kuckucksuhr!‹ Das Mädchen winkte und rannte die Gasse hinunter. Der alte Mann lächelte. Er mochte Kinder, weil sie sich immer die Zeit nahmen, seine Arbeit zu bewundern. Die meisten Erwachsenen hatten dafür zu viel zu tun.

Oma hatte den Ofen schon angeheizt und alles stand bereit. Schnell nahm sie die Butter und vermengte sie mit Mehl, Milch, Eiern und Hefe. Unter ihren geschickten Händen entstand im Handumdrehen ein schöner Teig. Obwohl sie eine alte, schmutzige Schürze trug, sah sie für das kleine Mädchen aus wie eine Königin.

Das Sonntagsbrot war sooooo lecker. An jedem anderen Wochentag war das Brot schwer und dunkel, aber das Sonntagsbrot war hell, weich und süß. Das kleine Mädchen liebte Sonntage – schließlich war sie ja auch an einem Sonntag geboren worden.«

3.

Mit einfachen Geschichten anfangen – schon bei den Kleinen

Der ideale Zeitpunkt, um mit dem Geschichtenerzählen zu beginnen, liegt bei einem Alter von drei bis vier Jahren. Viel spricht dafür, sogar noch früher anzufangen. Haben Sie das noch nicht getan, gibt es in diesem Alter aber auch noch nicht viel aufzuholen. Mit fünf hingegen fällt es einem Kind oft schon schwerer, sich auf etwas einzulassen, was sich wie eine abrupte Veränderung, ein neuer Rhythmus anfühlt. Das gilt umso mehr, wenn das Kind durch Filme und Fernsehsendungen bereits an hochstimulierende Geschichten gewöhnt ist. Sehr bereichernd kann es sein, Ihrem Kind vom ersten Lebenstag an Geschichten zu erzählen (oder sogar noch im Bauch), aber mit drei oder vier Jahren ist die Bindung der meisten Kinder zu ihren Eltern noch eng genug, dass sie bereitwillig in die Vertrautheit der Erzählsituation eintauchen, auch wenn das eine neue Erfahrung ist.

Es gibt aber noch einen besseren Grund, schon früh anzufangen: Dieser Grund sind Sie. Bei der Erzählmethode, die wir in diesem Buch vorstellen, geht es um die Beziehung zwischen Ihnen und Ihrem Kind. Haben Sie noch keine Erfahrung im Erzählen, dann wird es Ihnen leichterfallen, in einem Alter zu beginnen, in dem Ihr Kind sich noch mit einfachen Geschichten zufriedengibt. Die Übung und vertraute Nähe dieser frühen Jahre münden mit zunehmendem Alter des Kindes in immer komplexere Geschichten. Mit anderen Worten, Ihr Erzählgeschick reift ganz natürlich zusammen mit Ihrem Kind heran. Und weil Ihr Kind sich schon in jungen Jahren an das Geschichtenerzählen und die damit verbundene Vertrautheit und Wärme gewöhnt hat, wird es ihm nicht schwerfallen, diese Geschichten von denen im Fernsehen, in Filmen und so weiter zu unterscheiden. Wahrscheinlich wird es Ihren Geschichten an vielen Stellen den Vorzug geben. Auf jeden Fall sind Vergleiche kaum nötig, da Sie und Ihr Kind die Unterschiede von selbst erkennen und spüren.

Geschichten für einen Säugling oder ein Kleinkind sollten sehr kurz und einfach sein. Das Kuckuckspiel ist die erste Geschichte, die Verbindung zwischen Ihnen schafft. Sie sagt einfach nur aus: »Ich sehe dich, ich habe dich lieb. Ich habe dich gefunden und du bist ein wunderbares Geschenk!« Wenn das Kind älter wird und beginnt, den eigenen Körper zu entdecken, wächst die Geschichte mit ihm. Wir tun so, als sei unser Finger ein kleiner Mann, der die Treppe (den Arm des Kindes) hinaufspaziert, an der Klingelschnur (dem Ohr) zieht und das Kind begrüßt, indem er an seiner Nase wackelt. Diese Entdeckungsgeschichten helfen dem Kind dabei, Freude am eigenen Körper zu entwickeln und durch sanfte Berührungen eine Bindung zur Bezugsperson aufzubauen. Wiederholungen und kurze Sätze sind dabei entscheidend. Fingerspiele wie »Zehn kleine Zappelmänner« sind ein weiteres klassisches Beispiel.

Einem Kind, das krabbelt, sich aufrichtet und seine Umwelt erkundet, kann man schon kurze Geschichten über Gegenstände erzählen: *Es war einmal ein kleiner Stein, der hüpfte bis zur Tischkante, und dann* – platsch! – *fiel er ins Wasser.* Wenn Sie dabei mit Ihrer Hand nachahmen, wie der Stein sich bewegt und ins Wasser platscht, können diese kleinen Erzählungen für beide Seiten ganz bezaubernd sein. Ihr Kind wird sie immer wieder hören und Teile auch nachspielen wollen.

Um den zweiten Geburtstag herum kann ein Gefahrenelement dazukommen, zum Beispiel so: *Es war einmal ein kleiner Junge, der ging weg von seiner Mama und kam zu einem großen Baum. Er schaute hinter den Baum und was sah er da? Oh weh, einen Bären! Da rannte er schnell wieder nach Hause zu Mama.* In diesem Alter ist ein Kind noch nicht bereit für die komplexen Gefahrensituationen und Handlungsstränge moderner Geschichten, also halten Sie es gerne einfach.

Im dritten Lebensjahr schließt ein Kind erstmals Freundschaften und ist bereit, sich mit vorsichtigen Schritten von den Eltern zu entfernen, und damit wächst auch die Geschichte. Jetzt findet das Kind, das hinter den Baum sieht, in dem Bären einen Freund und begibt sich mit ihm zusammen auf eine kleine Reise über eine Brücke, einen Berg hinauf bis zu einer sonnigen Wiese, auf der sie sich ausruhen. Wenn die Sonne sich zum Schlafengehen bereit macht, wandern die beiden schnell wieder den Berg hinunter und über die Brücke und kommen unversehrt zu Hause an. Im Laufe der Zeit kommen immer mehr Komplexität, mehr Freunde, mehr Aufregung dazu. Wenn Sie das Geschichtenerzählen zu einem regelmäßigen Bestandteil des Alltags machen, kostet diese Entwicklung keine Mühe. Sie werden keine Schwierigkeiten haben, sich von Ihrem Kind inspirieren zu lassen und umgekehrt.

Mit etwa vier Jahren, manchmal auch früher, versteht das Kind allmählich die komplexen Figuren und Handlungsentwicklungen, die wir typischerweise mit unterhaltenden Geschichten verknüpfen. Es bringt nun auch selbst gern Handlungsstränge und Figuren in sein zunehmend anspruchsvolles und selbstständiges Spiel mit ein. Auf solchen Geschichten liegt der Schwerpunkt in diesem Buch. Geschickt eingesetzt, gehören sie zu den wirkungsvollsten Erziehungshelfern überhaupt – sei es, um das Kind zu trösten, zu unterhalten, ihm etwas beizubringen oder mehr. Geschichten gewinnen ihre Stärke aus der Vertrautheit, die sie immer wieder erzeugen und die wir damit über Jahre aufbauen.

Mit vier Jahren findet bei Kindern eine einzigartige Entwicklung statt. Der psychologische Fachausdruck lautet »Theory of Mind«. Das klassische Experiment dazu besteht aus einem Puppenspiel im Labor: Ein Kind wird zu einem kleinen Tisch geführt, wo ein Teammitglied mit einer Handpuppe oder Puppe eine kleine Leckerei in eine Schachtel legt und etwas sagt wie: »Das ist für später.« Dann verlässt die Handpuppe die Bühne. Anschließend taucht eine zweite Puppe auf, nimmt die Leckerei weg, stellt die Schachtel wieder an ihren Platz und verschwindet von der Bühne. All das geschieht unter den aufmerksamen Blicken des Kindes. Schließlich kehrt die erste Puppe zurück. Bevor sie die Schachtel öffnet, fragt das Teammitglied das Kind: »Was glaubt die Puppe wohl, was sie in der Schachtel finden wird?« Bis zum Alter von vier Jahren antworten die meisten Kinder: »Nichts.«

»Theory of Mind« ist ein etwas umständlicher Ausdruck für »Perspektivenwechsel«. Kleine Kinder sind noch nicht vollständig in der Lage, zwischen ihrem eigenen und einem fremden Standpunkt zu unterscheiden. Sie verstehen vielleicht, dass Mama oder Papa anders sind als sie selbst, aber noch können sie nicht intuitiv erkennen, was Mama oder Papa denkt oder dass sich das von ihrem eigenen Blickwinkel unterscheidet. Im obigen Beispiel können sie nicht anders, als der ersten Puppe ein Wissen zuzuschreiben, das sie nicht hat. Das ändert sich mit etwa vier Jahren, wenn das sich entwickelnde Gehirn lernt, diese bemer-

Geschichten gehören
zu den wirkungsvollsten
Erziehungshelfern überhaupt –
für Trost, Zeitvertreib,
Förderung und
Bindung.

kenswerte menschliche Fähigkeit zu nutzen. Von da an antwortet das Kind, genau wie wir selbst: »Eine Leckerei.«

Die »Theory of Mind« ist für uns Erwachsene so selbstverständlich, dass wir kaum noch wissen, wie es ist, diese Fähigkeit nicht zu haben. Wir gehen in ein Lebensmittelgeschäft und schreiben sofort allen Anwesenden dort bestimmte Absichten zu: der Kassiererin, dem Mann in der Obstabteilung mit dem Apfel in der Hand, den plaudernden Frauen im Gang, den Kindern, die neben ihnen die Regale durchwühlen, und dem älteren Paar auf dem Weg zur Tür. Verschiedene Forscher vertreten die These, dass auch einige Tierarten eine rudimentäre Form der »Theory of Mind« zeigen, aber in der Wissenschaft besteht insgesamt kein Zweifel daran, dass Menschen diese Fähigkeit in einzigartiger Komplexität besitzen.

Interessanterweise beginnen Kinder auch etwa im Alter von vier Jahren zu verstehen, was ein Geheimnis ist. Die meisten Zwei- bis Dreijährigen versprechen treuherzig, ein Geheimnis für sich zu bewahren, um es dann sofort ihrer Mutter oder ihrem Vater zu erzählen. Dabei ist ihnen meist kaum bewusst, dass sie ein Tabu brechen, nicht selten zum Ärger ihrer älteren Geschwister. Auch Lügen kommen bei einer Vierjährigen häufiger vor als bei einer Dreijährigen. All diese Phänomene entstehen aus der »Theory of Mind«: dem kognitiven Vermögen, die Absichten, das Wissen oder die Perspektive eines anderen Menschen oder Tieres einzuschätzen. Außerdem erweckt sie Geschichten von verführerischer Komplexität zum Leben.

Indem wir unterschiedlichen Figuren mit unterschiedlichen Blickwinkeln folgen, üben wir, die reale Welt durch immer vielfältigere Brillen zu betrachten. Wir entlocken der Geschichte eine Bedeutung, die das Verständnis der Hauptfigur – und unser eigenes – übersteigt. Das ist einer der Gründe dafür, dass Geschichten auch uns Erwachsene weiterhin faszinieren. Wir suchen von Natur aus nach immer vielschichtigeren Handlungssträngen und Figuren, weil sie uns neue Perspektiven eröffnen.

Geschichten gehören zu den Bereichen, in denen wir die »Theory of Mind« bevorzugt anwenden.

An dieser Stelle sei darauf hingewiesen, dass das Alter von vier Jahren nur ein Orientierungspunkt ist, wie alle Altersempfehlungen in diesem Kapitel. Manche Kinder entwickeln sich etwas früher, andere etwas später. Wenn wir von vier Jahren ausgehen, verstehen wir jedoch besser, warum die Gewöhnung an selbst erzählte Geschichten bis zum Alter von drei oder vier leichter in eine lange, erfolgreiche Geschichtenreise mit Ihrem Kind mündet. Wenn Sie die ersten Jahre verpassen, werden Sie bei einem vierjährigen Kind nicht allzu viele Schwierigkeiten haben, das Versäumte nachzuholen. Doch ein Kind von fünf oder sechs Jahren ist ein komplexes kleines Wesen, das schwerer zu erreichen ist.

Wenn Sie nun dieses Buch lesen und Ihr Kind schon fünf oder älter ist: Machen Sie sich keine Sorgen. Sie haben trotzdem noch Jahre vor sich, in denen Sie Geschichten erzählen. Sie sollten dazu bereit sein, sofort voll durchzustarten. Wir raten dazu zweierlei: Lesen Sie erstens noch einmal Kapitel 2 (»Bleiben Sie authentisch!«). Wie bei jeder neuen Routine, die Sie mit Ihrem Kind einführen möchten, brauchen Sie etwas Mut, so auch für den Einstieg ins Erzählen. Am besten werden Sie diese Umstellung bewältigen, wenn Sie nicht so tun, als seien Sie jemand anders, sondern sich in Ihrem Kern selbst vertrauen. Werfen Sie zweitens schon mal einen Blick in Kapitel 5 (»Praktische Grundlagen«). Dort stellen wir einige zentrale Techniken vor, um Geschichten lebendig und interessant zu machen.

Etwa ab dem sechsten Lebensjahr dürfen die Geschichten

echte Gefahrenbeschreibungen enthalten. Das ist das Alter für Märchen, kinderfressende Hexen und Monster im Wald. Bei jüngeren Kindern löst die Vorstellung, allein gegen die Hexe oder das Monster zu kämpfen, meist noch zu große Furcht aus. Jetzt ist das Kind vielleicht schon bereit dafür – mit etwas Unterstützung durch einen Freund im Wald, vielleicht eine kleine Maus, die es unterwegs gefüttert hat. Manche Kinder stürzen sich voller Begeisterung in solche Geschichten. Aber vielen bereiten sie auch Angst, genau wie die Herausforderungen, die zum Großwerden dazugehören. Geschichten sind eine gute Möglichkeit, sich diesen Herausforderungen zu stellen und beim Kind das Vertrauen aufzubauen, dass alles gut ausgehen wird.

Zusammenfassend schlagen wir also vor, möglichst früh mit dem Geschichtenerzählen anzufangen, noch bevor ein Kind Wörter erkennt. Das hilft dabei, den Ton für Ihr Kind zu setzen und – noch wichtiger – auch für *Sie*. Auf diese Weise entwickelt sich Ihre Erzählfertigkeit langsam zusammen mit Ihrem Kind. Im Säuglingsalter drehen sich die Geschichten um den Körper des Kindes. Mit fortschreitender Entwicklung verschiebt sich der Schwerpunkt auf einfache Objekte innerhalb seiner Reichweite. Indem wir uns am Kind orientieren, gehen wir langsam zu Geschichten über Mama oder Papa mit Kind über. Dann erzählen wir von einem Kind, das allein oder mit einem Freund zusammen ist. Mit etwa vier Jahren ist das Kind dann bereit für komplexere Abenteuer mit mehreren Figuren und gelegentlichen Gefahren. Durchlaufen wir diese Entwicklung gemeinsam mit dem Kind, kommen wir mühelos zu immer komplexeren Geschichten. Die Vertrautheit, die wir dabei aufbauen, lohnt allemal, und Ihr Kind wird sich auch dann noch gern an Sie kuscheln und einer Geschichte lauschen, wenn schon langsam die Pubertät in Sicht ist.

★ ÜBUNG 4: *Ganzheit*

In dieser Übung betrachten Sie die Welt durch die Augen eines Dreijährigen, der die multiperspektivische »Theory of Mind« noch nicht entwickelt hat. In dieser Geschichte sieht das Kind alles um sich herum als Teil seiner selbst – seine Mutter, seinen Vater, den Fluss, die Sonne. Das Kind spürt die Freude einer Blume oder die Traurigkeit eines Regenschauers, als wären sie in seinem eigenen Körper. Wenn Ihr Kind älter ist, könnten Sie eine Geschichte über ein neugieriges Kind erzählen, das nicht zwischen sich und dem Rest der Welt unterscheiden kann. Ist Ihr Kind noch sehr jung, machen Sie das zum Beispiel leise beim Einschlafen. Versuchen Sie auf jeden Fall, Ihre Vorstellungskraft dafür zu öffnen, wie es wäre, die Welt als eine Ganzheit in Ihrem eigenen Sein zu erfahren.

BEISPIELGESCHICHTE

Der kleine Bär und sein erster Spaziergang

Von Silke Rose West

Geschichten vom kleinen Bären gehören für Eltern zu den häufigsten Anfangsmotiven beim Geschichtenerzählen. Es könnte genauso gut auch ein kleiner Fuchs oder ein kleines Eichhörnchen sein, aber in Jahrhunderten des Geschichtenerzählens hat sich herausgestellt, dass Kinder von Natur aus eine Vorliebe für den kleinen Bären haben. Die folgende Geschichte ist für ein zwei- bis dreijähriges Kind gedacht.

»Es war einmal eine Bärenmama. Sie lebte in einer Höhle an einem großen Berg. Papa Bär war zum Fischen gegangen. Es war Frühling und im Fluss schwammen viele Fische. Mama Bär wartete darauf, dass ihr kleines Bärchen endlich zur Welt kam. Als es da war, leckte sie ihm überglücklich das Fell, bis es sauber und trocken war.

Als Papa Bär nach Hause kam, sah er das süße Bärenkind, umarmte Mama Bär voller Freude und gab ihr einen großen Fisch. Mama Bär musste viel essen, damit sie genug Milch für ihr Baby hatte.

Eines Tages blieb Papa Bär lange fort. Der kleine Bär war schon so groß, dass er den Weg zum Fluss kannte. Er trottete den Pfad hinunter, aber er hatte vergessen, Mama Bär zu sagen, wo er hinging. Plötzlich bemerkte der kleine Bär, dass er sich verirrt hatte, und fing an zu weinen. Da kam ein Schmetterling und setzte sich auf seine Nase, und bald war er wieder fröhlich. Über ihm im Baum saß eine alte Eule, die vom Weinen des kleinen Bären aufgewacht war.

›Schuhu, wen suchst du?‹, fragte die Eule.

›Ich suche Papa Bär‹, sagte der kleine Bär, ›aber ich kann ihn nicht finden und ich weiß nicht, wie ich nach Hause komme.‹

›Keine Sorge, kleiner Bär‹, antwortete die Eule, ›Mama Bär weiß genau, wo du bist.‹

Der kleine Bär drehte sich um, und da stand Mama Bär und lächelte. Sie war dem kleinen Bären ganz leise gefolgt. Der kleine Bär rief ihr zu: ›Ich wollte doch nur Papa Bär finden!‹

›Ich weiß, da kommt er schon‹, sagte Mama Bär.

Papa Bär kam mit einer großen Forelle im Maul den Pfad vom Fluss herauf. Alle drei fielen sich froh um den Hals und aßen dann gemeinsam den leckeren Fisch. ›Kann ich nächstes Mal mit zum Fischen kommen?‹, fragte der kleine Bär. ›Mal sehen‹, sagte Papa Bär. ›Man braucht eine Menge Geduld dazu.‹

›Vielleicht können wir ja alle zusammen gehen‹, schlug Mama Bär vor. Der kleine Bär lächelte. Der Schmetterling flatterte um die glückliche Familie herum und die Eule wünschte ihnen eine gute Nacht, obwohl es noch mitten am Tag war.

Ende.«

4.
Finden Sie
Ihren
Rhythmus

Geschichten zu erzählen, erfordert Übung. Dabei geht es nicht darum, es richtig zu machen, sondern darum, ins regelmäßige Tun zu kommen und alles so anzupassen, dass es für Sie und für Ihr Kind funktioniert. In diesem Kapitel gehen wir auf verschiedene Aspekte ein, die mit Zeit zu tun haben.

Zunächst sollten Sie eine tägliche, wöchentliche oder anderweitig regelmäßige Routine etablieren. Machen Sie einen realistischen Zeitplan. Gerade am Anfang hilft Ihnen das, am Ball zu bleiben. Während Ihre Erzählfertigkeit sich immer weiter entwickelt, nehmen Ihnen wiederkehrende Abläufe 80 Prozent der Arbeit ab, wenn Sie und Ihr Kind am verabredeten Ort zur bekannten Zeit zu einer Geschichte zusammenkommen. Eine gute Zeit ist kurz vor dem Schlafengehen. Wir erzählen in unserer Schule und im Kindergarten nach dem Mittagessen Geschichten. Für berufstätige Eltern ist vielleicht Samstag- oder Sonntagmorgen geeignet.

Unabhängig vom Zeitpunkt ist es hilfreich, einen Ort festzulegen – vielleicht einen Baum, ein Sofa oder ein Bett. Hilfreich kann es auch sein, einer Gute-Nacht-Geschichte eine Reihe von Aktivitäten vorausgehen zu lassen, wie Zähneputzen und den Schlafanzug anziehen. Das hilft dem Kind dabei zu wissen, was

Während Ihre Erzählfertigkeit sich immer weiter entwickelt, nehmen Ihnen wiederkehrende Abläufe 80 Prozent der Arbeit ab.

als Nächstes kommt. Am wichtigsten aber ist ein kurzer Satz oder ein kurzes Lied am Anfang – und am Ende – jeder Geschichte. Nicht umsonst fangen viele Geschichten für Kinder mit »Es war einmal …« an. Damit werden Zuhörende auf das eingestimmt, was kommt. Eine erfahrene Geschichtenerzählerin kann ihr Kind so zuverlässig ins Geschichtenland rufen, wie Pawlow seine Hunde mit einer Pfeife dazu bringen konnte, dass ihnen das Wasser aus dem Maul tropfte. Somit dienen die Abläufe, die wir festlegen, selbst als Brücke ins Geschichtenland.

Besonders wichtig kann das verbale Signal oder der vertraute Ablauf in fremden Umgebungen wie Flughäfen, Autos oder sogar in traumatischen und gefährlichen Situationen sein. Manchmal muss die Ängstlichkeit oder Furcht eines Kindes umgelenkt werden. Eine Geschichte kann eine hervorragende Möglichkeit sein, in einer schwierigen Situation die Behaglichkeit und Vertrautheit des eigenen Zuhauses zu evozieren und von einem stressigen Ereignis abzulenken. Ein beruhigtes Kind ist auch ein beruhigter Elternteil, und eine gute Geschichte kann in bestimmten Situationen nahezu zum Lebensretter werden. Wenn Sie jemals nach einem Albtraum, einer Verletzung oder einem Autounfall mit Ihrem Kind zusammen Ängste durchgestanden haben, wissen Sie vielleicht, was wir meinen. Geschichten haben die Macht, unsere Aufmerksamkeit zu binden und an einem sicheren Ort zu halten, sodass wir das traumatische Ereignis nicht endlos im Kopf wiederholen. Durch ein immer gleiches verbales Signal können wir ein Kind schnell an diesen einprägsamen, tröstlichen Ort bringen, häufig besser, als wenn wir einfach mit der Geschichte beginnen würden. Wie wir dort hinkommen? Durch regelmäßiges Üben.

Eine uns bekannte Lehrerin singt immer ein ganz kurzes Lied über ein paar Matrosen, die ein Boot besteigen und die Segel setzen. Das Lied dauert nicht länger als zwanzig Sekunden, ist aber eine wunderbare Einstimmung auf die Geschichte: Wir als Zuhörende stellen uns die Matrosen vor, die an Bord gehen und auf das offene Meer fahren. Die Melodie bringt uns dorthin. Dann beginnt die Geschichte. Sie schließt mit dem Reim »Ene, mene, Maus, die Geschichte ist nun aus«, einer hübschen Alternative zum altbekannten »und wenn sie nicht gestorben sind ...«.

Silke hat verschiedene Einführungen, am häufigsten nimmt sie aber den Klassiker »Es war einmal«. Manchmal singt sie auch ein sehr altmodisches Lied über Affen, die Tabak kauen, und Enten, die *quak, quak, quak* machen, was inzwischen dermaßen politisch inkorrekt klingt, dass sofort alle aufhorchen. Wie viele Väter geht Joe etwas ironischer an die Sache heran. Er beginnt seine Geschichten oft mit einem einfachen Satz und einem Achselzucken: »Na schön, ich erzähle euch eine Geschichte. Aber sie darf euch nicht gefallen. Wehe, ihr lächelt.«

Egal, wofür Sie sich entscheiden: Suchen Sie etwas aus, das sich für Sie natürlich anfühlt. Es gibt viel Raum für Variationen. Je einfacher, desto besser. Wenn Sie konsequent dabeibleiben, werden Sie sehen, dass ein Drei-Wort-Satz oder auch eine kurze Melodie wie auch ein Ton im Handumdrehen für die richtige Stimmung sorgen kann. Wenn Sie das nicht glauben, überlegen Sie doch mal, was der Klingelton Ihres Handys in Sekundenbruchteilen mit Ihrem Gemütszustand macht.

Manche Eltern glauben, sie hätten nicht genug Zeit zum Geschichtenerzählen. Der Alltag ist ohnehin schon zum Platzen gefüllt. Wir können unmöglich noch mehr machen. Vor diesem Problem stehen wir alle. Verstehen wir aber, dass Geschichten ein Weg sind, um Vertrautheit zu schaffen und produktives Spielen anzuregen, können wir das Geschichtenerzählen als Strategie sehen, Zeit einzusparen, und nicht als zusätzliche Aufgabe. Wir haben so oft gesehen, wie gut das funktioniert, zu Hause wie in der Schule, dass wir nicht oft genug betonen können: Geschichten zu erzählen, erzeugt Vertrautheit (also Harmonie) und lässt Zeit frei werden, die wir sonst damit verbracht hätten, zu verhandeln oder mit schwierigen Verhaltensmustern umzugehen.

Geschichten zu erzählen, erzeugt Vertrautheit und lässt Zeit frei werden, die wir sonst damit verbracht hätten, zu verhandeln oder mit schwierigen Verhaltensmustern umzugehen.

Im Alltag erzeugen besonders Übergänge Stress, wie das Fertigmachen für die Schule oder das Nachhausekommen von der Arbeit. In solchen Situationen haben Eltern oft einen vollen Kopf. Kinder erhalten dann keine ungeteilte Aufmerksamkeit und reagieren darauf manchmal ärgerlich, mit unerwünschtem Verhalten oder Gefühlsausbrüchen. In solchen Augenblicken eine kurze Geschichte zu erzählen, kann ein außerordentlich hilfreiches Mittel sein, die Familie wieder zusammenzubringen. Manchmal reichen fünf Minuten. Einem Kind nur fünf volle Minuten unserer uneingeschränkten Gegenwart zu schenken, gleich nachdem wir nach der Arbeit zur Tür hereingekommen sind, kann die dreißig bis sechzig Minuten ersetzen, die wir sonst vielleicht brauchen, um runterzukommen und eine Verbindung zu ihm aufzubauen. Auch uns selbst kann es dabei helfen, uns fallen zu lassen und zu entspannen. Hinterher ist es für das Kind oft ganz einfach, sich selbst zu beschäftigen und seinen Eltern damit ebenfalls Zeit für ihre Aufgaben zu lassen. Alle fühlen sich gesehen und können durchatmen.

Und wie sieht es mit Bring- und Abholsituationen aus, sei es vor und nach der Schule oder einer Spielverabredung? Hatten Sie schon einmal Schwierigkeiten, Ihr Kind ins Auto zu lotsen?

Wie wäre es in solchen Momenten mit einer besonderen Geschichte, die Sie erst erzählen, wenn Sie beide angeschnallt sind? Das könnte etwas sein, von dem nur Sie beide wissen – ein Geheimnis! Vielleicht machen Sie daraus eine Fortsetzungs-Abenteuergeschichte, in Zwei-Minuten-Häppchen über mehrere Wochen verteilt. Solche Geschichten sind etwas, auf das ein Kind sich freuen kann, statt sie nur als Endsignal für den Spielnachmittag zu sehen. Außerdem ersetzen sie Bestechungsversuche mit Spielzeug oder Süßigkeiten durch etwas Echtes: Nähe und Verbundenheit.

Geschichten sind eine gute Brücke in solchen Momenten, weil sie das verhörähnliche Frage-und-Antwort-Spiel à la »Was hast du heute in der Kita oder in der Schule gemacht?« unterbrechen und die Situation in gemeinsam verbrachte Zeit verwandeln. Wenn wir ehrlich sind, wollen wir oft gar nicht wiederkäuen, was am Tag alles passiert ist. Wir wollen in diesem Augenblick Nähe herstellen. Für viele Kinder und Erwachsene ist es gar nicht einfach, wenn jemand reinplatzt und ihnen zu viel direkte Aufmerksamkeit widmet. Wir wollen es gern etwas langsamer, etwas sanfter, nicht so direkt. Mit einer Geschichte können Sie Ihre Begrüßung wie in einen großen, weichen Ballon verpacken. Wenn wir eine Routine aufgestellt haben, können stressreiche Übergangssituationen zu stärkenden Momenten werden. Auf diese Weise fühlt sich das Geschichtenerzählen nicht wie eine weitere Aufgabe an, die Sie erfüllen müssen.

ÜBUNG 5: *Es war einmal*

Suchen Sie sich eine Phrase, ein Lied oder einen Ablauf, mit dem Sie Ihre nächste Geschichte beginnen. Achten Sie darauf, dass das Element einfach und eingängig ist. Sie können auch ausprobieren, Geschichten zu verschiedenen Tageszeiten und an unterschiedlichen Orten zu erzählen, um herauszufinden, was Ihnen am besten liegt. Es gibt kein ideales Rezept, aber versuchen Sie, dem Anfang und dem Ende Ihrer Geschichten etwas mehr Aufmerksamkeit zu widmen. Möglicherweise macht das nicht nur den Geist Ihres Kindes, sondern auch Ihren eigenen ruhiger und empfänglicher. Achten Sie darauf, was funktioniert. Lassen Sie weg, was nicht funktioniert.

★ ÜBUNG 6: *Das große Böse*

Wenn es das nächste Mal bei Ihnen zu Hause zu einer stressigen Situation kommt, versuchen Sie es mit einer Geschichte. Dazu brauchen Sie etwas Mut. Aber bevor alles aus dem Ruder läuft: Wedeln Sie mit den Armen, bis alle zu Ihnen sehen. Dann fangen Sie einfach mit der Geschichte an. Sie müssen nicht einmal wissen, wohin sie führt. Bauen Sie ein oder zwei Brücken in Ihre Geschichte ein, die alle wiedererkennen, falls Sie rechtzeitig daran denken. Es ist aber auch völlig in Ordnung, wenn Ihre Geschichte nichts mit dem gegenwärtigen Augenblick zu tun hat. Zwei bis drei Minuten reichen aus, um Atmung und Herzschlag zu beruhigen. Die Geschichte löst den Konflikt nicht – aber sie schafft Nähe. Geteilte Nähe hat einen positiven Einfluss, was alle Beteiligten dabei unterstützen kann, ihren eigenen Standpunkt ein wenig loszulassen, um den Konflikt gemeinsam einfacher lösen zu können. Richtig schlechte und plumpe Geschichten sind in diesen Momenten besonders nützlich. Sie sind so schlecht, dass es geradezu lachhaft ist. Und Lachen, selbst ungewolltes, ist erholsam. Wenn Sie ein Kleinkind haben, das sich oft in Wutausbrüche flüchtet – probieren Sie diese Strategie einmal aus. Wenn Ihre bessere Hälfte mit glasigem Blick nach Hause kommt – probieren Sie diese Strategie einmal aus. Geschichten schaffen einen Begegnungsort, aber keinen Bereich, in dem Konflikte unter die Lupe genommen werden.

BEISPIELGESCHICHTE

Die Schildkröte, die ihren Panzer nicht tragen wollte

Von Silke Rose West

»Silke, ich kann nicht mehr! Ich will meinen Rucksack nicht tragen!«, jammerte der Vierjährige. Das tut er oft, wenn er am Montag wieder in den Kindergarten muss. Wir waren auf dem Weg zum Happy Canyon, aber an diesem Tag hatten alle Kinder zu kämpfen. Der Himmel war dunkel und die Luft kalt, aber ich wusste, dass der Junge nur etwas Aufmerksamkeit brauchte, um weiterlaufen zu können. Wir hielten an einem kleinen immergrünen Baum inmitten von Matsch und Schnee an.

»Na schön, Kinder, setzt euch hin und hört zu«, sagte ich. »Kennt ihr die Geschichte von der Schildkröte, die ihren Panzer nicht tragen wollte?« Ich hatte sie selbst noch nie gehört, doch ich konnte zusehen, wie sie sich vor meinem inneren Auge entfaltete. Die Kinder sahen mich mit verhaltener Neugier an. Sie waren froh über die Pause.

»Es war einmal eine kleine Schildkröte, die hinter ihrer Mama herlief. Sie hatte es satt, eine Schildkröte zu sein und ihren schweren Panzer tragen zu müssen. ›Mama‹, sagte sie, ›ich will

keine Schildkröte sein. Warum kann ich nicht ein Stinktier sein? Dann müsste ich nicht so viel schleppen. Ich könnte einfach im Wald herumrennen.‹

›Oh, meine Süße‹, antwortete die Schildkrötenmama, ›das wirst du bald verstehen. Möchtest du etwas Großes und Wildes und Gefährliches sehen?‹« Der kleine Junge, der sich über seinen Rucksack beschwert hatte, tat gern so, als würde er gegen Monster kämpfen und als sei er ein grimmiger, schlauer Krieger.

»›Oh ja!‹, antwortete die kleine Schildkröte.

›Gut‹, sagte die Mutter, ›aber ich kann dich nur mitnehmen, wenn du deinen Panzer trägst.‹

›In Ordnung‹, stimmte die Kleine zu und folgte ihrer Mutter langsam zu einer Stelle, an der es Luchse gab. Die Mutter hatte keine Angst vor Luchsen. Sie war ihnen schon oft begegnet und wusste, dass ihr Panzer sie schützen würde.

Mit sicheren Schritten und voller Selbstvertrauen ging sie voraus und die kleine Schildkröte lief hinter ihr her. Der Luchs freute sich unterdessen schon auf einen Happen Schildkrötenfleisch und stürzte sich auf die Schildkrötenmutter, sobald sie in Sicht kam. Schnell zog diese Kopf und Beine in ihren Panzer und wartete geduldig ab. Die kleine Schildkröte tat es ihrer Mutter gleich. Obwohl der Luchs sich auch auf die kleine Schildkröte stürzte und sie sogar in die Luft warf, passierte ihr nichts. Die Luchszunge kitzelte sie zwar an der Nase, aber mit den Zähnen kam der Luchs nicht durch den harten Panzer.

›Zum Glück habe ich meinen Panzer, der mich schützt!‹, sagte sie.

Der Luchs schrie: ›Schildkrötenfleisch schmeckt sowieso nicht. Ich gehe jetzt ein Reh oder ein Stinktier jagen. Die haben wenigstens nicht so einen blöden harten Panzer!‹

Nach einer kurzen Stille streckte die kleine Schildkröte ihren Kopf aus dem Panzer und sagte zu ihrer Mutter: ›Ich bin so froh, dass ich einen Panzer habe, der mich schützt, auch wenn ich ihn mit mir herumschleppen muss!‹

›Ich weiß, meine Süße. Ich auch!‹«

Diese kleine Geschichte verschaffte uns eine kurze Ruhepause und lenkte unsere Aufmerksamkeit auf liebevolle und mitfühlende Weise um. Der kleine Junge wurde nicht bloßgestellt, fühlte sich aber dennoch verstanden. Danach lief er weiter, ohne sich zu beschweren. Das Jammern, das Laufen, der Rucksack – das waren die Brücken in unsere Geschichte. Weil die Kinder daran gewöhnt waren, in solchen Situationen eine Geschichte zu hören, hatte ich ihre volle Aufmerksamkeit, bevor ich den Satz »Kennt ihr die Geschichte von ...« beendet hatte, ohne dass ich explizit darum bitten musste.

Tiere können in solchen Geschichten wunderbare Helfer sein. Sie sorgen dafür, dass das Kind in sicherer Entfernung bleiben kann und sich nicht bedroht fühlt. Wenn die Verbindung in der Geschichte zu direkt ist, etwa »Es war einmal ein kleiner Junge, der seinen Rucksack nicht tragen wollte«, fühlt sich das Kind möglicherweise in die Enge getrieben und hört nicht mehr gerne zu. Das glückliche Ende der Geschichte ist für das Kind eine Ermunterung bei der schwierigen Aufgabe, die zuvor als Hindernis erschien. Das ist die Geschichtenschleife: eine reale Situation, die zu einer ausgedachten Geschichte führte, die wiederum der Realität eine neue Bedeutung und ein neues Ziel gab.

5.

Praktische Grundlagen

Wir hoffen, dass Sie inzwischen mit neuer Zuversicht auf Ihre Erzählfertigkeiten vertrauen. Das Geschichtenerzählen ist tief in Ihnen verankert und quasi Ihr Geburtsrecht als Mensch. Ebenso wenig, wie es einen Grund gibt, mit dem Gehen aufzuhören, weil jemand anders den Bostoner Marathon gewonnen hat, gibt es einen Grund dafür, keine Geschichten mehr zu erzählen, nur weil jemand anders einen Blockbuster gedreht hat. Sie wollen schließlich keinen Job bei Pixar, sondern eine Verbindung zu Ihrem Kind aufbauen.

Da Sie nun mit den Grundzügen des Geschichtenerzählens vertraut sind, stellen wir in diesem Kapitel eine Reihe klassischer Hilfsmittel für den Aufbau guter Geschichten vor. Um dem Ganzen etwas mehr Struktur zu geben, haben wir das Kapitel in vier Abschnitte unterteilt. Für jeden Abschnitt gibt es praktische Übungen und am Ende eine Beispielgeschichte, die alle Techniken miteinander verbindet.

Eine große Welt voll kleiner Dinge

Eine der erfolgreichsten Techniken des Geschichtenerzählens aller Zeiten besteht darin, einfache, profane Objekte mit winzigen Benutzern zu verknüpfen. Diese Vorgehensweise finden wir in klassischen Geschichten wie *Die Wichtelmänner, Schatz, ich habe die Kinder geschrumpft, Gullivers Reisen, Horton hört ein Hu!* und vielen weiteren. (Die Geschichte in Kapitel 1 mit dem Wichtel im Metallrohr ist auch ein gutes Beispiel.) Feen, Elfen und Trolle tummeln sich zuhauf in der klassischen Literatur und erleben gerade wieder eine Renaissance. Zusammen mit der Personifizierung kleiner Tiere machen kleine Wesen in einer übergroßen Welt einen großen Teil der Kinderliteratur aus. Nutzen Sie das zu Ihrem Vorteil!

Nun mag nicht jedes Kind Feen. In diesem Abschnitt geht es wie im ganzen Buch vor allem darum, die Aufmerksamkeit eines Kindes auf ein Objekt oder Ereignis zu lenken, um die darin liegende Fantasie und Kreativität zu entdecken. Eine der sichersten Möglichkeiten besteht darin, eine Geschichte über einen kleinen Wichtel zu erzählen, der in einem Stein wohnt – in diesem Stein hier –, und zu beschreiben, wie es darin aussieht. Ebenso gut können wir eine Geschichte über Ameisen erzählen, die im Winter aufwachen und rodeln gehen. Bakterien sind schon mit dem Skateboard durch die Grübchen in der Orangenschale geflitzt und die Geschichte einer RNA-Sequenz, mit der etwas hoffnungslos schiefläuft, unterscheidet sich nicht großartig vom *Zauberlehrling*. Wenn wir religiös sind, entdecken wir vielleicht winzige Engel (oder Dämonen) in allen Dingen.

Welche Brille Sie beim Erzählen auch aufsetzen: Wenn die Geschichte in einem Objekt oder an einem Ort mit Wiedererkennungswert spielt, hilft uns die Geschichtenschleife dabei, die

Aufmerksamkeit eines Kindes zu lenken und es beim Lernen zu unterstützen. Ein Kind, das sich vom Walten winziger Menschen in einem Stein faszinieren lässt, wird nicht nur von der Geschichte unterhalten, sondern entdeckt auch viele reale Aspekte dieses realen Steins. Eine Geschichte über ein winziges Wasservolk, das sich in den Wolken versammelt und als Regen zur Erde stürzt, bevor es dann verdunstet und wieder in den Himmel »fährt«, bringt einem kleinen Kind den Wasserkreislauf besser nahe als eine rein wissenschaftliche Beschreibung. Eine begabte Geschichtenerzählerin kann diese einfache Strategie nutzen, um die Aufmerksamkeit eines Kindes zu lenken und Neugier auf fast alles zu wecken.

ÜBUNG 7: *Finden Sie etwas Kleines und machen Sie es groß*

In dieser Übung laden wir Sie ein, ein kleines bis mittelgroßes Objekt zu suchen. Das wird die Brücke in Ihre Geschichte, also wählen Sie unbedingt etwas, das Ihr Kind erkennt. Die Herausforderung besteht darin zu beschreiben, wie der Gegenstand von innen aussieht oder, wenn Sie den Maßstab drastisch verändern, was die winzigen Menschen, Feen, Insekten oder andere, die darin leben, sehen würden. Ein Beispiel wäre ein Globus, der für einen winzigen Käfer tatsächlich die ganze Welt darstellt. Vielleicht geht er darauf segeln. Das Objekt könnte auch Ihr Fernseher sein und was die Zeichentrickfiguren darin tun, wenn man ihn ausschaltet. Möglich wäre auch eine Maus in Ihrem Schrank oder ein Eichhörnchen in einem Baumstamm.

Farbe, Form und Textur

Eine Geschichte wird lebendig, wenn sie voller Farben, Gerüche, Geräusche und Texturen ist. Eine anschauliche Sprache weckt und fesselt die Aufmerksamkeit Ihres Publikums. Im Schlussteil seines Buches *On the Origin of Stories* unterstreicht der Evolutionstheoretiker Brian Boyd die Bedeutung der Aufmerksamkeit für die gesamte Evolution des Menschen. Er sagt, dass wir als soziale Wesen ständig auf subtile und weniger subtile Weise um die Aufmerksamkeit der anderen ringen. Wer die meiste Aufmerksamkeit bekommt, hat in der Gesellschaft meist eine dominante Position. Doch gesellschaftliche Dominanz (mit anderen Worten: Respekt) geht eher mit Gunst einher als mit Macht, und das können wir zu unserem Vorteil nutzen. Überraschung, Farbe, Handlung, Tempowechsel und plötzliche Wendungen in der Handlung sind nicht nur wichtig, um die Aufmerksamkeit eines Kindes zu wecken, sondern auch, um sie zu halten.

Beim Geschichtenerzählen ermöglichen Sie einem Kind, durch seine eigene Fantasie zu spazieren.

In einer aufgeschriebenen Geschichte wirkt es merkwürdig, wenn jeder zweite Satz mit »Plötzlich« beginnt. Nicht so beim mündlichen Geschichtenerzählen. Um mitreißende Geschichten zu erschaffen, müssen wir die Aufmerksamkeit des Publikums immer wieder aufs Neue fesseln. Das heißt, wir brauchen Action und sonderbare Geschehnisse. In einer Welt, in der Eltern mit den Erzählkünsten von Filmregisseurinnen und Zeichentrickanimateuren konkurrieren, müssen unsere Geschichten Pep haben. Glücklicherweise erleichtert unsere Fantasie uns diese Aufgabe.

Beim Geschichtenerzählen ermöglichen Sie einem Kind, durch seine eigene Fantasie zu spazieren. Indem Sie ihm Farben, Geschmäcker und Texturen geben, wird nicht nur die Geschichte selbst zu einem faszinierenden Ort, sondern auch die kindliche Vorstellungskraft gestärkt. Steigt Ihre Hauptfigur in einen Fluss, sagen Sie ruhig dazu, ob das Wasser kalt oder warm ist, aber bleiben Sie nicht allzu lange an ausufernden Beschreibungen hängen. Ändern Sie das Erzähltempo. Denken Sie an die erwartungsvolle Aufregung, wenn Ihre Figur die Zehen ins Wasser taucht, dann bis zu den Knien hineingeht und das Wasser die Kniekehlen erreicht, dann die Oberschenkel, die Taille. Beschreiben Sie den quälenden Augenblick, wenn das Wasser über den Bauchnabel steigt, dann die Schultern erreicht, den Hals, die Lippen, die Nase, die Augen, die Stirn … *Herrje, wie lange dauert das denn noch?* Jetzt ist sie untergetaucht!

Indem wir kurze Momente auf diese Weise hinausziehen oder plötzliche Veränderungen herbeierzählen, einschließlich aller Farben und Geräusche, ermöglichen wir dem Kind, voll und ganz in seine Fantasiewelt einzutauchen. Und dank der Geschichtenschleife verschaffen wir ihm noch eine weitere Chance: diese Begeisterung und Fantasie in die reale Welt zu holen.

ÜBUNG 8: *In die Höhle*

Höhlen spielen in vielen Geschichten eine wichtige Rolle. Sie stehen für etwas Dunkles und Geheimnisvolles. Suchen Sie nach einer »Brücke«, zum Beispiel mithilfe einer Figur, eines Ereignisses oder eines Ortes. Führen Sie Ihre Figur in die Höhle und lassen Sie alles dunkel werden. Tief im Höhleninneren, fast am anderen Ende, leuchtet ein winziges Licht. Vielleicht ist auch ein Geräusch zu hören. Gehen Sie darauf zu. Plötzlich ist alles hell erleuchtet. Beschreiben Sie in allen Einzelheiten, was genau Sie sehen. Wenn es etwas Furchteinflößendes ist, achten Sie darauf, eine Auflösung parat zu haben. Ist es etwas Schönes, lassen Sie sich einen Augenblick Zeit zum Genießen. Und egal, was in der Höhle passiert: Sobald Ihre Figur dort fertig ist, lassen Sie sie zurück ans Tageslicht gehen.

Spielfiguren und Requisiten

Das Thema Puppenspiel wäre ein eigenes Buch wert. Leider geht es in den meisten Büchern dazu vor allem darum, wie man Puppen herstellt, und nicht, wie man mit ihrer Hilfe Geschichten erzählt. Sie sind hauptsächlich für Fachleute gedacht. Wir wollen Ihnen aber nicht dabei helfen, ein ausgeklügeltes Puppenspiel auf die Beine zu stellen. Das Ziel unseres Buches ist es, Neulinge dabei zu unterstützen, Spielfiguren in Alltagsgegenständen zu entdecken, die Sie wahrscheinlich schon zu Hause haben.

Eine Spielfigur kann einfach eine kleine Puppe oder auch ein

Spielzeugauto sein. Wenn Sie sie in die Hand nehmen, kann sie das Fensterbrett oder den Inhalt der Kramschublade aus ihrer Perspektive erkunden. Manchen Menschen fällt es leichter, eine Geschichte zu erzählen, wenn sie den Charakter der Spielfigur übernehmen. (Wenn Ihnen das nicht liegt, können Sie diesen Abschnitt auch überspringen.) Sie können die Geschichte aus der Perspektive der Spielfigur erzählen und mit ihrer Stimme; das nimmt Ihnen vielleicht ein bisschen Druck. Sogar eine Möhre kann zur Spielfigur werden, indem sie zum Beispiel auf der Picknickdecke herumhüpft, um etwas Leckeres zu essen zu finden. Dank der Geschichtenschleife wird die Spielfigur selbst zur Verbindung mit der realen Welt und gibt dem Kind die Möglichkeit, die Figur selbst zu übernehmen, sobald die Geschichte endet. Ein Kind, das gerade miterlebt hat, wie sein Lieblingsspielzeug den Inhalt der Kramschublade durchwühlt, könnte anschließend ins Wohnzimmer laufen, um mit ihm zu erkunden, was alles unter dem Sofa liegt.

Solche »Tischpuppen« entstehen meist spontan aus dem Augenblick heraus, möglich ist aber auch, sie mit etwas mehr Absicht zum Einsatz kommen zu lassen. So kann man etwa ein paar Puppen auf den Tisch setzen und ein paar Steine oder Gegenstände dazulegen, die einen Teich, einen Baum und ein Haus darstellen. Während Sie die Geschichte erzählen, spielen die Puppen sie nach. Sie gehen beispielsweise zum Teich, wo sie einer freundlichen Ente begegnen. Haben Sie die Geschichte fertig erzählt, können Sie die Requisiten Ihrem Kind überlassen, das die Geschichte sicher gern mit neuen Elementen und vielleicht auch neuen Figuren nachspielen wird. Auf diese Weise setzen Sie Spielzeuge, Spielfiguren und Requisiten in Ihrer Geschichte aktiv als Anker ein. Wenn Sie Ihrem Kind diese Dinge überreichen, geben Sie ihm mehr als eine Sammlung Spielzeuge. Sie geben ihm eine fantasievolle Geschichte und helfen ihm gleichzeitig, sich darauf einzulassen. Wenn Ihr Kind sich oft über Langeweile beklagt oder schwer etwas findet, womit es sich beschäftigen kann, ist eine solche Geschichte unter Umständen sehr hilfreich.

Auch eine Sockenpuppe leistet Ihnen gute Dienste, wenn Sie mit dem Geschichtenerzählen gerade erst anfangen. Dazu brauchen Sie nur eine alte Socke über Ihre Hand zu ziehen und zwei Augen aufzumalen. Sie können mit einfachen Lauten (»Aaah! Ooooh!«) anfangen und dabei den Mund der Puppe öffnen und schließen. Das allein bringt schon fast jeden zum Lachen, auch Erwachsene. Sobald Sie bereit sind, geben Sie der Puppe dann eine Stimme und lassen sie etwas erzählen.

Kleine Kinder sind fasziniert von Sockenpuppen, weil sie keine Zeit damit vergeuden, ihre Wirklichkeit anzuzweifeln. Sie nehmen sofort eine Verbindung zu dieser »dritten Person« auf, während Sie, der Geschichtenerzähler, allmählich in den Hintergrund treten. *Sich selbst verschwinden zu lassen,* das ist das Geheimnis eines guten Puppenspielers, und genau deswegen sind Spielfiguren, vor allem einfache, gerade am Anfang so hilfreich. Die Figur tritt in den Mittelpunkt, nimmt den Druck von der Erzählerin und ermöglicht es den etwas Schüchterneren unter uns, entspannter eine Geschichte zu erzählen.

Stellen Sie sich eine Sockenpuppe als ein befreundetes Kind vor, das zum Spielen vorbeikommt, oder als eine Großmutter, die von weither zu Besuch gekommen ist. Sie kann jede vorstellbare Identität annehmen. Vielleicht ist sie eine Hundepuppe, die für den Hund steht, den Ihr Kind sich schon so oft gewünscht hat. »Wuff, wuff«, sagt der Hund, »ich fühle mich wie eine alte Socke.« Das Kind kichert. »Ach, hätte ich doch nur Ohren und einen Schwanz.« *Hmmm,* sagen Sie dann vielleicht zum Kind, diesmal mit Ihrer eigenen Stimme, *vielleicht können wir ihm ja welche basteln!* Dann führt der Hund Sie beide auf eine Suche nach Stoffresten und Sie kleben zwei Ohren über die Augen. »Wuff, wuff«, sagt der Hund, »das ist schon viel besser! Und jetzt noch eine Zunge!«

Wenn Sie Spielfiguren verwenden, bietet es sich an, ab und zu eine Pause in der Geschichte einzulegen. Das Kind wird von selbst aktiv werden und auf Fragen Ihrer Puppe antworten, zum Beispiel: »Hast du auch einen Hund?« Wenn das Kind verneint, könnte der Hund sagen: »Ich wünschte, ich hätte ein Kind, das jeden Tag mit mir Gassi geht und mir Tricks beibringt, zum Beispiel durch einen Reifen zu springen! Dann würde ich mit meinem Kind zum Zirkus gehen und – *wuff!* – alle würden jubeln und klatschen. Das wäre toll!« Die Geschichte kann dann vom Kind weitergeführt werden, das von selbst in den Dialog mit der Puppe gehen wird. Das macht es auch für den Erzähler einfacher, der nur noch auf die Stichworte des Kindes reagieren muss.

Eine Spielfigur lässt sich in schwierigen Situationen auch als Mediator einsetzen. Bleiben wir beim Beispiel mit der Hundepuppe und stellen uns ein Kind vor, das Angst vor Hunden hat. »Hallo«, sagt der Hund vielleicht, »ich bin Spotty, der Hund. Und wie heißt du? Ich bin ein lieber Hund, aber ich habe ein bisschen Angst vor Kindern. Bist du nett? Versprichst du, mich nicht am Schwanz zu ziehen? Oh, ich habe ja gar keinen Schwanz! Ich spiele gerne Fangen, und du? Willst du meine Geschichte über das Kind hören, das mich am Schwanz zog, und wie ich ihn dann verloren habe?« Das gibt dem Kind die Möglichkeit, sich in geschützter Umgebung auszudrücken und eine Lösung für seine Ängste zu finden. Diese Art von Mediator kann auch sehr hilfreich sein, wenn das Kind auf einen Elternteil wütend ist oder nicht zuhören will. Schicken Sie einfach Spotty vor.

Das Geschichten-
erzählen ist tief in Ihnen
verankert und quasi Ihr
Geburtsrecht
als Mensch.

Wenn eine Geschichte zu Ende ist, kann es sinnvoll sein, die Spielfigur sagen zu lassen: »Ich muss jetzt leider gehen, aber ich komme wieder, versprochen.« Bei den Tischpuppen vom Beginn dieses Abschnitts haben wir vorgeschlagen, die Figur oder Requisiten dem Kind zum Spielen zu überlassen. Bei solchen Figuren funktioniert das gut, aber das magische Verschwinden einer Handpuppe kann ihr im Laufe der Zeit einen besonderen Charakter verleihen. Auf diese Weise ist sie nicht einfach ein weiteres Spielzeug, sondern eine Persönlichkeit, die beim Geschichtenerzählen assistiert. Das Entscheidende dabei ist, dass die Puppe sich in Ihrem Besitz befindet und nicht in dem Ihres Kindes.

Stellen Sie sich vor, am nächsten Tag fällt es Ihrem Kind schwer, sich für die Schule bereit zu machen. Dann könnten Sie es bitten, sich schneller anzuziehen, »weil Spotty schon im Auto wartet und auf dem Weg zur Schule gerne neben dir sitzen würde. Vielleicht kann er ja eine Geschichte erzählen, während ich fahre?« Wenn Sie beide endlich im Auto sitzen, weiß Spotty schon, wie der Morgen für das Kind war. Er hat sich ein wenig Sorgen gemacht, dass es heute nicht kommt. Er hat auf das Kind gewartet. Wenn Ihr Kind sich an der Schule von Ihnen und Spotty verabschiedet, kann es sich beim Abholen schon auf etwas freuen.

Wenn Ihr Kind gern mit der Handpuppe spielt, können Sie anbieten, ihm eine eigene zu basteln. Dann haben Sie beide Puppen, die sich gegenseitig Geschichten erzählen oder zusammen Abenteuer bestehen können. Sie können auch aus einem Karton ein einfaches Puppentheater basteln und sich gegenseitig Vorstellungen geben. Ein kleines Lied zu Beginn der Aufführung, vielleicht sogar Eintrittskarten für das Publikum … Sie könnten sogar eine Puppensammlung anlegen und Vorstellungen mit verschiedenen Figuren geben. Handpuppen gibt es in den meisten Spielzeugläden, aber wir würden vorschlagen, sie nicht zusammen mit Ihrem Kind zu kaufen. Am besten sollten sie von Ihnen als Figur eingeführt werden. Das hält den Zauber des Geschichtenerzählens lebendig.

Und denken Sie immer daran: Puppen, die fortgehen oder sich an einem besonderen Ort verstecken, sind wirkmächtiger. Wenn sie einfach nur zur Spielzeugsammlung Ihres Kindes gehören, verlieren sie bald an Wert. Warum? Weil die Puppe ein Hilfsmittel für *Ihr* Geschichtenerzählen ist.

Silke ist eine Puppenmacherin. Sie hat einen ganzen Koffer voller Drachen, Könige, Großmütter, Polizisten, Jungen, Mädchen, Kraken, Vögeln und eine ganze Menagerie anderer Figuren aus Holz, Stoff, Filz, Draht, Eicheln, Wolle, Strick und vielem mehr. Ihr Puppenkoffer ist schon um die ganze Welt gereist. Die Kinder erkennen den Koffer sofort und sobald er auftaucht, geht von ihm selbst schon ein gewisser Zauber aus. Wer mit dem Geschichtenerzählen gerade erst anfängt, wird es im Puppenspiel nicht gleich auf dieses Niveau schaffen. Wir hoffen aber, dass dieser Abschnitt Ihnen ein paar Ideen vermittelt, die Sie sofort umsetzen können. Wenn Sie tiefer eintauchen möchten, gibt es eine Vielzahl von Büchern speziell zum Thema Puppenspiel.

Marionetten aus Seide oder Stoff sind leicht herzustellen und haben etwas wunderbar Engelhaftes. Besonders schön kommen sie zur Geltung, wenn Sie vor dem Schlafengehen das Licht ausmachen und eine Kerze anzünden. Die Marionette kann ein Gutenachtlied singen und eine einfache Geschichte erzählen, die Ihrem Kind dabei hilft, zur Ruhe zu kommen und zufrieden einzuschlafen. Vielleicht sammelt die Puppe auch alle Sorgen des Tages ein und ruft die Traumfeen herbei. Solche Marionetten lassen sich ganz leicht aus einem quadratischen Stück Seide oder

Stoff herstellen: Falten Sie das Material diagonal zu einem Dreieck, legen Sie etwas Füllwatte in die Mitte des Falzes und binden Sie einen Kopf ab. Dann machen Sie an jede äußere Ecke einen Knoten als Hand. Befestigen Sie je eine Schnur am Kopf und an jeder Hand und schon können Sie die Puppe mit magisch realistischen Bewegungen steuern.

Zum Schluss dieses Abschnitts noch eine letzte Idee für eine Puppe: Randolph ist handgestrickt, etwa so groß wie dieses Buch. Nimmt man ihn in die Hand, lacht er mit den Kindern, während er das Loch in seinem Fuß betrachtet. »Oh, da hat meine Puppenmacherin ein bisschen zu locker gestrickt, aber das ist mir egal!«, sagt er. »Es macht mir nichts aus, wenn ich kaputtgehe oder schmutzig werde. Und seht nur, ich habe ein paar Pinsel gefunden!« Randolph ist nämlich ein bisschen spitzbübisch. Er nimmt einen Pinsel in die Hand, taucht ihn in seine Lieblingsfarbe und tanzt mit dem Pinsel über das Papier. »Das ist wie Fegen mit einem Besen!«, sagt er. Randolph ist entzückt. Die Kinder sind entzückt. Malen wird zu einer Geschichte.

★ ÜBUNG 9: *Finden Sie eine neue Erzählstimme*

Diese Übung erfordert etwas Mut. Suchen Sie eine Puppe oder eine Spielfigur – egal was, es kann auch ein Apfel sein –, die Sie auf irgendeine Weise mit einer anderen Persönlichkeit als der Ihren assoziieren. Lassen Sie dann diese Figur Ihrem Kind eine Geschichte erzählen. Wenn Sie ein eher fröhlicher Mensch sind, finden Sie vielleicht eine matschige, traurige Banane, die sich für gar nichts begeistern kann. Sind Sie eher ausgeglichen, könnte Ihre Spielfigur ein Rennauto sein, das gerne mal etwas waghalsig ist. Egal, welche Figur Sie finden: Lassen Sie zu, dass sie einen Teil des Drucks wegnimmt, den Sie sonst vielleicht verspüren. Es ist nicht Ihre Geschichte. Es ist die Geschichte der Figur.

Ein Thema entwickeln

Ein geübter Geschichtenerzähler hat in der Regel ein oder mehrere Themen, aus denen er schöpft. Das kann eine wiederkehrende Figur sein, die in der Vergangenheit schon mehrere Abenteuer bestanden hat, aber auch ein Handlungsort wie ein Schloss mit Dorf oder ein lockeres Regelwerk für Feen und Wichtel, das unter bestimmten seltsamen Umständen als gegeben angesehen wird. Indem wir direkt in eines dieser Themen eintreten, können wir manchmal eine Abkürzung ins Geschichtenland nehmen. Sie erlaubt uns, eine inhaltliche Fülle oder feine Abstufungen zu entwickeln, die in einer einzigen Geschichte sonst schwer zu erreichen wären. Umgekehrt verliert ein allzu häufig benutztes Thema irgendwann seinen Glanz. Es hat sich bewährt, Neues und Bekanntes zu mischen.

Am häufigsten kommt es vor, dass ein Geschichtenerzähler ein Thema aus einer besonders guten Geschichte entwickelt. Dieselben Figuren werden dabei meist einfach auf eine neue Reise geschickt, und nach einigen Geschichten haben wir in der Regel einen wiederkehrenden Handlungsort und die »Grundregeln« für die Geschichte. So erschaffen wir ein Thema, fast ohne darüber nachzudenken. Themen verkörpern meist tief verwurzelte Werte, wie am folgenden Beispiel klar wird.

Als wir beide damit anfingen, zusammen Geschichten zu erzählen, stießen wir auf ein interessantes kleines Problem. Silke erzählte liebend gern Geschichten über Könige und Königinnen, Prinzen und Prinzessinnen. Sie hatte ein ganzes mittelalterliches Dorf in ihrem Geschichtenarsenal, mit Bäckern, Müllern, Drachen und Zauberern, und sie holte diese Figuren regelmäßig zum Vorschein. Joe, von seiner Art her eher ein urbaner Skeptiker, hatte so seine Schwierigkeiten damit. Für ihn war das Thema verbraucht und roch nach Hierarchien und Sexismus. So begann ein langer, interessanter Prozess, eine Unterhaltung innerhalb von Geschichten, wobei einige unserer Werte und Annahmen zum Vorschein kamen.

Themen verkörpern tief verwurzelte Werte.

Wir erzählten den Kindern nach dem Mittagessen regelmäßig gemeinsam eine Geschichte. Oft begann Silke und übergab irgendwann an Joe, der die Geschichte zu Ende brachte. Wir hatten viele gemeinsame Werte, aber unsere Methoden, Geschichten zu erzählen, hätten unterschiedlicher kaum sein können. Die daraus entstehenden Geschichten waren seltsame Mischwesen, von denen sich einige wie auf Zauberschwingen in große Höhen schwangen. Andere fielen mausetot zu Boden wie besiegte Riesen. Unter der Oberfläche aber fand ein Dialog über die Themen und Werte statt, auf denen unser Leben jeweils fußte, und der keinem von uns jemals völlig ersichtlich war.

Für Silke, aufgewachsen in einem kleinen Dorf in Deutschland, wenige Kilometer von einem mittelalterlichen Schloss entfernt, war das Dorf eine bedeutungsvolle Allegorie auf den Menschen. Jede Figur spielte einen Archetypen. König und Königin waren keine Tyrannen, sondern hatten die Aufgabe, das gesamte Wesen zu beaufsichtigen und zu lenken. Der Drache war nicht böse, sondern notwendig – das Geheimnisvolle und Dunkle. Der Bäcker kümmerte sich um das Essen und der Bauer bestellte seine Felder auch im Krieg oder bei Dürren. Prinzessinnen trugen nicht nur Rüschenkleider, sondern drangen mit ihren Blicken fast so zur Wahrheit vor, wie Ritter eine Rüstung mit der Lanze durchbohrten. Und genauso, wie all diese Archetypen ihre Funktion hatten, galt dies auch für ihre Fehler und Verirrungen.

Joes anfängliche Reaktion darauf hatte viel mit individueller Selbstbestimmung zu tun, ein häufiges Thema in der urbanen amerikanischen Gegend, aus der er stammte. Immer wieder machten seine Prinzessinnen und Müller sich auf die Suche nach Freiheit und Selbstentfaltung, manchmal zum Preis der Isolation. Am Ende lernten wir unendlich viel voneinander, größtenteils ohne es auszusprechen, und unsere Geschichten wuchsen. Die Kinder waren sich dieses Prozesses natürlich nie direkt bewusst, aber sie wurden Zeugen davon, wie sich unsere Geschichten im Laufe der Jahre entwickelten. Dadurch erkundeten auch sie diese Themen und Werte für sich selbst.

★ ÜBUNG 10: *Öffnen Sie die Vorratskammer*

In dieser Übung bitten wir Sie, in Ihre Vorratskammer zu gehen und jede Dose und Packung sprechen zu lassen. Ist da eine Geschichte versteckt? »Hier nicht«, sagt die Erdnussbutter, »ich bin zu zäh und zu langsam.« Die Nudeln schlagen vor: »Lasst uns doch ein heißes Bad nehmen und ein bisschen entspannen.« Die Schokolade sagt: »Psst! Ich dürfte gar nicht hier sein.« Was für ein Streitgespräch könnte zwischen Spaghetti und Rigatoni entstehen? Was sagen die Haferflocken dazu? Versuchen Sie herauszuarbeiten, wie dieser einfache Handlungsort voller Figuren steckt, die Ihr Kind wiedererkennt. Auf diese Weise erschaffen Sie ein Thema, zu dem Sie immer wieder zurückkehren können.

BEISPIELGESCHICHTE

Eichhörnchen Bösefuß

Von Silke Rose West

Diese Geschichte entwickelte sich im Laufe eines ganzen Jahres weiter, nachdem ich sie spontan zwei wartenden Kindern erzählt hatte. Die beiden Geschwister aus meinem Kindergarten saßen hinten bei mir im Auto. Aus Langeweile hatten sie angefangen, sich gegenseitig zu ärgern, was damit endete, dass das Mädchen nach ihrem Bruder trat. Auch, als ich sie mehrmals darum gebeten hatte, machte sie keine Anstalten, damit aufzuhören. Ich beschloss, die Energie mit einer Geschichte umzulenken.

»Kennt ihr die Geschichte vom Eichhörnchen Bösefuß?«, fragte ich.

»Nein, erzähl sie uns!«

»Also, das Eichhörnchen hieß nicht immer Bösefuß. Seine Mutter hatte ihm einen wunderschönen Namen gegeben. Aber als es klein war, trat es gern nach jedem Tier, das in seine Nähe kam. Es fand das sogar lustig. Aber den anderen Tieren, wie ihr euch sicher vorstellen könnt, gefiel das ganz und gar nicht. Manche knurrten es an. Andere fauchten und schließlich mieden sie es alle und sagten zueinander: ›Da kommt Bösefuß, nichts wie weg!‹ Es waren also die Tiere, die seinen Spitznamen so oft sag-

ten, dass sie seinen echten Namen bald vergessen hatten. Es dauerte nicht lange, bis Bösefuß sich einsam fühlte und seinen eigenen Namen selbst vergessen hatte.«

Dieser Teil der Geschichte nimmt die Situation auf, die zwischen den Kindern entstanden war, und sorgt dafür, dass sie sich gesehen, aber nicht verurteilt fühlen. Die Hauptfigur nimmt den Druck vom Kind und erzeugt ein Vorgefühl dessen, was gleich passieren wird: Wir kommen an die Stelle, wo wir feststecken und eine Lösung brauchen.

»›Wie heiße ich, Mama?‹, fragte das Eichhörnchen. Die kluge Eichhörnchenmutter sagte zu ihm, das solle es selbst herausfinden. Sie gab ihm einen Beutel mit Nüssen und schickte es auf die Reise. Bösefuß traf auf einen Waschbären und fragte ihn: ›Wie heiße ich?‹

›Bösefuß natürlich, wie sonst?‹, antwortete der Waschbär.

Danach kam das Eichhörnchen zur Höhle des Bären und stellte ihm dieselbe Frage, aber der Bär antwortete nur: ›Deinen Namen kannst du im ganzen Wald hören. Bestimmt kennst du ihn.‹

Dann huschte Bösefuß durch ein Eichenwäldchen. Dabei stolperte er über eine Baumwurzel und verletzte sich am Fuß. Es setzte sich auf den Boden und begann zu weinen. Da trat hinter einer alten Eiche ein Wichtel hervor. Er klopfte dem Eichhörnchen auf den Schwanz und sagte: ›Hallo Sausebein!‹

›Ich heiße nicht Sausebein, sondern Bösefuß!‹

›Oh, ach so‹, sagte der Wichtel, ›anscheinend gefällt dir der Name besser, den die Tiere dir gegeben haben. Vielleicht solltest du ihn behalten, aber du solltest auch lernen, Gutes mit deinen Füßen zu tun, dann bist du nicht mehr so einsam. Du könntest ja vor jede Höhle, in der ein Tier wohnt, eine Nuss aus deinem Beutel legen! Die Tiere sehen dann die Fußspuren und wissen,

dass du es warst. Aber erwarte nicht, dass sie sich bedanken. Wenn du das drei Tage hintereinander tust, wird etwas Magisches passieren.‹«

Nun sind wir bei dem Teil der Geschichte angelangt, an dem die Kinder aufgeregt wissen wollen, wie sie endet. Sie können selbst ein passendes Ende wählen; in meinem Fall führte es zu der Veränderung, die ich im Verhalten der Kinder gern gesehen hätte.

»Auf dem Heimweg verteilte das Eichhörnchen flink seine Nüsse vor den Höhlen der Tiere im Wald. Als es nach Hause kam, bat es seine Mutter um noch mehr Nüsse. ›Mein Name ist Bösefuß‹, sagte es. ›Den will ich behalten. Es gefällt mir, einen komischen Namen zu haben! Ich weiß, dass ich früher Sausebein hieß, aber das ist ab jetzt mein Geheimname.‹ Die Mutter sah, wie glücklich Bösefuß war, und nickte weise.

An den nächsten beiden Tagen verteilte Bösefuß Nüsse im ganzen Wald und die Tiere begannen, untereinander über Bösefuß zu reden, und beschlossen, ihm noch eine Chance zu geben. Sie spielten gern ein Spiel, das hieß ›Tannenzapfentreten‹. Bösefuß war sehr gut darin und alle lobten ihn. Das Eichhörnchen drehte sich zu seinen Freunden um und sagte: ›Vielen Dank für meinen Namen! Von jetzt an werde ich meine Füße besser einsetzen, aber ihr sollt mich trotzdem Bösefuß nennen.‹ Und so kam Bösefuß zu seinem Namen.«

Meine kleinen Zuhörer lächelten über das ganze Gesicht.

Eine Geschichte gibt Ihnen die Gelegenheit, Ihre Werte mit Kindern zu teilen und sie sanft zu einer erwünschten Handlung hinzuleiten. Die Geschichtenerzählerin muss dazu nach dem Guten Ausschau halten und darauf vertrauen, dass das ausreicht. Eine Deutung hinterher ist nicht nötig.

Am nächsten Tag fragten die Kinder: »Erzählst du uns

noch eine Geschichte von Bösefuß?« Ich erzählte ihnen die Geschichte, wie Bösefuß seinem Freund Stinktier half. In dieser Geschichte war Bösefuß der Held, der anderen Lebewesen half. Die Geschichten setzten sich das ganze Jahr hinweg auf solchen Ausflügen im Auto fort. Manchmal bat ein Kind mich, einem Freund eine Geschichte von Bösefuß zu erzählen, der sich nicht nett verhielt. Die Kinder verstanden, wie hilfreich eine einfache Geschichte sein kann. Für mich ist das eins der besten pädagogischen Werkzeuge überhaupt.

6.

Beruhigende Geschichten

Erzählte Geschichten können die Aufmerksamkeit eines Kindes – oder auch eines Erwachsenen – fesseln oder sie umlenken – das macht sie so wertvoll. In Kapitel 1 nannten wir das die Geschichtenschleife. Nach einer Geschichte kehren wir meist mit einer neuen Perspektive zu unserer Ausgangslage zurück. Wer mit dem Geschichtenerzählen erst anfängt, wird typischerweise skurrile Geschichten aussuchen, die unterhalten und kreative Spielgelegenheiten schaffen. Solche Geschichten bleiben wahrscheinlich das Fundament jedes Geschichtenerzählers, aber je besser Sie im Erzählen werden, desto mehr Anknüpfungspunkte für Geschichten werden Sie in verschiedenen Situationen erkennen.

Eine Erzählstruktur ist einfach ein effektives Mittel, um Aufmerksamkeit zu wecken. Wenn Sie damit je bei einem Kind Schwierigkeiten hatten – und wer hat das nicht? –, versuchen Sie es beim nächsten Mal mit einer Geschichte. Oft mildert sie den Konflikt und die Frustration ab, die Ihre direkten Bitten oder Forderungen mit sich bringen würden. Außerdem kann eine geschickte Geschichtenerzählerin die Aufmerksamkeit des Kindes, ist sie erst einmal da, auf jedes Objekt und jede Aktivität ihrer Wahl lenken. Im nächsten Kapitel zeigen wir, wie sich das als wirksames pädagogisches Werkzeug einsetzen lässt, aber in diesem Kapitel konzentrieren wir uns zunächst auf die therapeutische Wirkung von Geschichten.

Geschichten sind von Natur aus beruhigend. Egal, wovon sie handeln, sie schenken einem Kind in Not Aufmerksamkeit, und zwar ohne sich auf das Problem zu konzentrieren. Kinder, die verletzt oder krank sind oder ein emotionales Trauma erleben mussten, versteifen sich manchmal auf das Problem. Wir sehen das in so unterschiedlichen Verhaltensweisen wie dem Wutanfall einer Zweijährigen und der Niedergeschlagenheit eines vorpubertären Elfjährigen. Beide können großen Nutzen aus einer Geschichte ziehen. Die emotionale Nähe erzeugt ein Gefühl von Verbundenheit, Ruhe und manchmal auch Stärke.

Geschichten sind von Natur aus beruhigend.

Einer unserer Vorschüler kniete sich einmal versehentlich in einen Kaktus. Er gehört zu einer der fiesesten Arten in New Mexico, weil seine langen Stacheln Widerhaken haben wie ein Angelhaken. Es tut weh, wenn der Stachel eindringt, aber noch schlimmer ist das Herausziehen. Wir müssen gelegentlich ein oder zwei Stacheln entfernen, aber diesmal war die betroffene Stelle fünfzehn Zentimeter lang und die Widerhaken hingen wie eine riesige stachelige Eidechse an seinem Schienbein. Als die ersten Schmerzimpulse sein Bewusstsein erreichten, erstarrte der fünfjährige Junge. Er wusste, in welchen Schlamassel er da hineingeraten war. Er biss die Zähne zusammen und hörte auf zu atmen. Der Schmerz war da, aber der Gedanke an das, was noch kommen würde, war fast unerträglich.

Joe ging langsam auf den Jungen zu und wiederholte dabei mit ruhiger Stimme immer wieder: »Weiteratmen, weiteratmen.« Inzwischen rief Silke, die die Situation mit einem Blick erfasst hatte, ein paar seiner Freunde heran. »Josh, Tim, helft eurem Freund Michael mal kurz und erzählt ihm eine lustige Geschichte«, sagte sie. Als Josh und Tim Michael sahen, erkannten sie den Ernst der Lage. Sofort machten sie die wildesten Mätzchen, erzählten die Höhepunkte der Woche nach, wedelten mit den Armen, schrien und blödelten herum. Auf Michaels schmerzverzerrtes Gesicht stahl sich ein Lächeln, dann verzerrten sich seine Züge wieder, dann erschien wieder ein Lächeln, immer im Wechsel. In seinem Lachen war der Kampf zu hören, der in ihm tobte. Schließlich, als die Geschichten gewonnen hatten, griff Joe langsam nach dem Kaktus. Mit einem schnellen Ruck spannte er Michaels Hosenbein und riss den Kaktus ab. Michael wurde puterrot im Gesicht, stand auf, krümmte sich und winkte schließlich ab. »Alles in Ordnung«, sagte er und kämpfte mit den Tränen. »Mir geht's gut.« Fünf Minuten später, nach einer kurzen Untersuchung, spielte er schon wieder mit seinen Freunden.

Manchmal bleibt uns im Leben nichts anderes übrig, als uns dem Schmerz zu stellen. Wenn wir ihm jedoch frontal begegnen, vervielfachen wir manchmal das Trauma noch, indem wir unserer Verzweiflung unsere ganze Aufmerksamkeit widmen. Konzentrieren wir uns auf Lösungen oder Alternativen, gießen wir eventuell sogar Öl ins Feuer, weil das unsere Energie weiter auf das Problem konzentriert. In solchen Momenten können Geschichten wie einzigartige Medizin wirken. Wenn wir, wie in Kapitel 4 (»Finden Sie Ihren Rhythmus«) empfohlen, ein Signalwort oder eine Routine haben, um die Erzählzeit einzuläuten, können wir das auch unter schwierigen Umständen einsetzen, um das Bewusstsein eines Kindes zu erreichen und den Schalter für mehr Sicherheit und Vertrautheit viel schneller umzulegen, als Paracetamol oder Ibuprofen sich in seinem Blut verteilen können.

Vielleicht kommt Ihnen die Behauptung, eine Geschichte könne so wirksam sein wie ein Medikament, ein wenig übertrieben vor. Schließlich betrachten wir Geschichten überwiegend als eine Art von Unterhaltung. Aber wenn wir die Vertrautheit im Kern der Beziehung erfassen, die beim Geschichtenerzählen entsteht, und zudem den entwicklungsgeschichtlichen Bogen des Menschen berücksichtigen, Information und Bedeutung über Erzählstrukturen zu erkennen, beginnen wir zu verstehen, wie dieses einzigartige menschliche Werkzeug uns dabei unterstützen kann, rasch und wirkungsvoll eine Verbindung zu unseren Kindern aufzubauen. Ebenso wichtig ist übrigens die Tatsache, dass die beim Geschichtenerzählen entstehende Nähe keine Einbahnstraße ist: Ein beruhigtes Kind bedeutet einen beruhigten Elternteil.

Eine Mutter bereitete den Geburtstagskuchen vor. Das Geburtstagskind verteilte aufgeregt Luftrüssel-Tröten an die Gäste, die sich ausrollen, wenn man hineinbläst, und sich dann wieder aufrollen, wenn man aufhört. *Surr! Pfffft! Tröööt!* Alle Kinder hatten Spaß, bis das Geburtstagskind merkte, dass alle Tröten verteilt waren und es selbst keine hatte. Während alle seine Freunde umherrannten, tröteten und kicherten, brach es in Tränen aus. Die Mutter, die gerade die Kerzen anzündete, sah das und wusste nicht, was sie tun sollte. Kinder, Mutter, Eltern, Geburtstagskind – jeder fühlte gerade etwas anderes. Fast wäre Chaos ausgebrochen, aber da rief jemand: »He, kennt ihr eigentlich die Geschichte von …?«

Geschichten nehmen den Druck raus. Sie binden die Aufmerksamkeit und lenken sie auf etwas Nützliches. Sie helfen dabei, die Gefühle von Erzähler, Publikum und Umstehenden zu synchronisieren. Es braucht kein zwanzigminütiger Thriller zu sein. Oft reicht schon eine einminütige Episode.

★ ÜBUNG 11: *Den Schmerz lindern*

Wenn Ihr Kind sich das nächste Mal in einer schwierigen Situation befindet, versuchen Sie es mit einer beruhigenden Geschichte. Das können körperliche Schmerzen sein oder ein kompliziertes Gefühl, ein Albtraum oder sogar eine Konfliktsituation zwischen Ihnen beiden. Egal, welchen Anlass Sie wählen: Achten Sie darauf, dass sich manche Dinge, im Gegensatz etwa zu einer blutenden Schnittwunde, auch leicht anders versorgen lassen. Das Ziel besteht nicht darin, sich in eine Geschichte zu flüchten; Sie sollen vielmehr erkennen, warum eine Geschichte manchmal die einzig verfügbare Medizin ist.

BEISPIELGESCHICHTE

Ramona und Peter

Von Joseph Sarosy

»Aua! Papa!«, rief meine sechsjährige Tochter. Es war mitten in der Nacht und ich konnte die Angst in ihrer Stimme hören. Ich hätte so gern weitergeschlafen, aber stattdessen schüttelte ich die Benommenheit ab und stand auf. Ignorieren kam nicht infrage. Wir hatten das schon viele Male durchgemacht. »Hey, Schatz«, sagte ich und legte mich neben sie ins Bett. Ich kuschelte mich an sie und merkte, wie sie sich wand. Sie war so wütend.

Ein Ausschlag, den sie schon vor einem Jahr gehabt hatte, war plötzlich wieder aufgetaucht, diesmal noch stärker. Tagsüber, wenn das Leben schön war und es viele Ablenkungen gab, konnte sie ihn fast ignorieren, aber nachts, in einem stillen Zimmer in absoluter Dunkelheit, quälte der Juckreiz sie fürchterlich. Wir waren bei der Ärztin gewesen. Wir hatten ihr Medikamente gegeben. Nichts wirkte, das kannten wir schon vom letzten Mal. Man konnte einfach nur abwarten. Für uns Eltern war es eine Tortur. Der Schlafmangel setzte uns allen zu, aber besonders schlimm war es, unserer Tochter in die Augen sehen und zugeben zu müssen, dass wir nichts tun konnten.

Aber halt, eins gab es doch. Nachdem ich den Ausschlag mit kühlem Wasser leicht abgewaschen und die Salbe noch einmal aufgetragen hatte, legte ich mich wieder zu ihr ins Bett. »Ich erzähle dir eine Geschichte«, sagte ich. »Erinnerst du dich noch an die von neulich, mit den Meeresschildkröten und so?«

»Ja.«

»Die hier ist nicht so gut.«

Humor. Das ist meine Tür. Sie schüttelte den Kopf, aber ich konnte schon spüren, wie die Entspannung in ihre Muskeln floss. Ich hatte allmählich den Verdacht, dass der Ausschlag etwas mit Stress zu tun hatte, den meine Tochter noch nicht mit Worten benennen und verstehen konnte.

»In der Geschichte geht es um Ramona«, sagte ich. Der Name kam von irgendwoher einfach zu mir, wahrscheinlich von den »Ramones«. *»Hast du schon mal die Truthahngeier gesehen, die über der Schlucht kreisen?«*

»Ja.«

»Also, Ramona war ein Truthahngeier. Sie segelte für ihr Leben gern mit ausgebreiteten Flügeln auf den warmen Luftströmen, die vom Tafelberg aufstiegen. Sie war ein prächtiger Anblick, wirklich. Einfach wunderschön, wie sie mit ihren langen Federn durch die Luft glitt.« Ich konnte das Gesicht meiner Tochter nicht sehen, aber ich wusste, dass sie lächelte. Wir hatten schon unzählige Geschichtenstunden miteinander verbracht, daher konnte sie sich gleich richtig fallen lassen. Ich wusste nicht, wovon die Geschichte handelte. Ich hatte nur einen Vogel ausgesucht, den sie schon hundertmal gesehen hatte, und hatte ein Weibchen daraus gemacht, damit sie sich mit ihm identifizieren konnte.

»Also, Ramona segelte durch die Luft, weil sie nach einem Platz suchte, wo sie ein Nest bauen konnte. Sie hatte ihre Eltern

erst vor Kurzem verlassen. Nachts hatte sie auf Ästen und Klippen geschlafen, aber tief in ihrem Herzen wusste sie, dass die Zeit gekommen war, ein eigenes Nest zu bauen. Als sie am Bone Canyon vorbeiflog, eine örtliche Sehenswürdigkeit, von der ich wusste, dass meine Tochter sie sich vorstellen konnte, *sah sie den idealen Ort für ein Nest. Er lag mitten auf einer steilen Klippe, ein kleiner Vorsprung, der gerade breit genug für einen Geier war, darüber und darunter nichts als senkrechte Felsen. Da würde der Luchs niemals drankommen.*

Denn weißt du, der Luchs – der war oft in der Nähe und lauerte hinter den Büschen und den Pinyon-Kiefern. Ein Geier war keine leichte Beute – ich meine, die können ja schließlich fliegen –, aber wenn einer sich zu nahe am Boden ausruhte, schlich der Luchs sich manchmal … langsam … an … und schnappte ihn!« Ich legte eine effektvolle Pause ein.

»Nein, Papa«, sagte meine Tochter, *»ich mag keine gruseligen Geschichten!«*

»Ich weiß«, antwortete ich, *»aber ich sag dir eins, dieser Ort, den Ramona gefunden hatte, war unglaublich. Der Luchs konnte auf keinen Fall da hinkommen. Niemand konnte das, außer einem Geier. Oder, na ja, einer Schwalbe oder einem Schluchtenzaunkönig, aber die bleiben ja meistens unter sich. Jedenfalls sah Ramona sich den Platz genauer an. Vom Vorsprung aus erkannte sie den Rio Grande unter sich. Sie konnte weit nach Norden und weit nach Süden schauen und als sie so weit war, breitete sie ihre großen Flügel aus …* wusch … *und flog in die Schlucht hinunter.*

Den ganzen Tag sammelte sie Zweige und Gras und alle möglichen anderen Materialien für ihr Nest. Und als sie fertig war, uff, *weißt du, was dann war?«*

»Was?«

»Sie hatte Hunger. Und was fressen Geier? Du weißt es. Ich weiß es. Wir müssen nicht drum herumreden. Sie fressen tote Tiere. So ist das. Sie jagen keine Tiere und töten sie. Sie fliegen einfach rum und suchen welche, die schon tot sind. Puh! *Ich könnte das ja nicht. Und weißt du, wie sie das machen?«*

»Hm?«

»Schnüff-schnüff ... *Sie schnuppern danach.«* Ich schnupperte hörbar an ihrem Ohr herum wie ein übereifriger Hund. *»Ich meine, sie gucken auch. Sie können gut sehen, genau wie Adler, aber sie haben auch eine besonders feine Nase und sie lieben den Geruch von verfaultem Fleisch. Komisch, oder? Dafür können sie aber nichts. So sind sie eben.«*

»Voll eklig.«

Inzwischen hatte meine Tochter sich schon einige Minuten nicht mehr gekratzt. Sie war vollkommen entspannt. Sie hatte ihren Vater neben sich und ihre ganze Aufmerksamkeit wurde von der Geschichte in Anspruch genommen. Ich hatte absichtlich verschiedene Sinneseindrücke mit eingebaut, die hörbaren Schnüffler, die Anblicke und Geräusche. Dazu musste ich mir die Szene nur vorstellen und dann beschreiben, was ich sah. Ich hielt mein Publikum bei der Stange, indem ich Sprache und Tonfall meiner Erzählung variierte. Es war eigentlich ein ziemliches Affentheater, aber die zugrunde liegende Botschaft lautete: *Ich bin entspannt genug, um Blödsinn zu machen.* Meine Tochter, die diese Botschaft über das vertraute Gealbere ihres Vaters empfing, spiegelte diese Entspannung in ihrem eigenen Körper.

Was ist Geschichtenerzählen? Wenn ich unter diesen Umständen sagen würde, es ging um einen Truthahngeier namens Ramona, würde ich wohl das Wesentliche verfehlen. Die Kommunikation zwischen meiner Tochter und mir hatte so gut wie nichts mit dem Inhalt der Geschichte zu tun. Es ging um den Kontext der Nacht, der vorangegangenen Nächte, sogar des letzten Jahres, und um den Versuch eines Vaters, sein leidendes Kind zu beruhigen. Es gab keine Worte, keine Fragen, aber die zentrale Kommunikation kam ohne Worte aus und war unsichtbar. Wenn Sie diesen entscheidenden Punkt begreifen, ist alles andere in diesem Buch zweitrangig. Sie suchen nicht nach einer guten Geschichte. Sie suchen nach einer guten Beziehung.

Dr. Gordon Neufeld nennt es »Bindung«. In seinem Buch *Unsere Kinder brauchen uns* betont er, dass eine starke Bindung das Fundament eines gesunden Kindes ist. Dutzende wissenschaftlicher Studien belegen, dass erzählte Geschichten in Kindern Empathie erzeugen. Sie helfen ihnen, ihre Erfahrung mit der Welt zu erweitern, verbessern die emotionale Intelligenz, bauen Resilienz auf und vieles mehr. Fast alle Studien konzentrieren sich jedoch auf die Beziehung des Kindes zur Geschichte selbst. Mit anderen Worten, in der Wissenschaft wird überwiegend die Erzählung untersucht. Sie ist natürlich relevant, aber Dr. Neufelds Bindungstheorie füllt eine Lücke in der Wissenschaft des Geschichtenerzählens. Sie erklärt die Vertrautheit im Zentrum der Geschichtenbeziehung. Beim Erzählen geht es, wie wir gerade lernen, nicht nur um die Handlung; es ist vielmehr ein wirksames Hilfsmittel für den Bindungsaufbau zwischen zwei Menschen, zum Beispiel zwischen Elternteil und Kind. Eine gesunde Bindung wiederum führt zu einem ganzen Strauß wünschenswerter Charakterzüge.

»Schließlich fand Ramona ein totes Stinktier am Rand der Schlucht. Es war köstlich verfault und stank ganz wunderbar, und sie hatte es ganz für sich allein. Als sie zu fressen begann,

wurde der Luchs auf sie aufmerksam und schlich sich von hinten an sie heran. Langsam kam er immer näher. Ramona saß zufrieden inmitten des Gestanks von verwesendem Fleisch und Stinktierdrüsen und bemerkte ihn nicht. Beinahe erwischte sie der Luchs, also, er hätte sie erwischt, wenn da nicht noch ein anderer Geier gewesen wäre, nämlich Peter, der hoch über ihr aus der Luft den Luchs erspähte und in letzter Sekunde im Sturzflug heranzischte. Das dauerte gerade lange genug, um den Luchs abzulenken, und Ramona konnte schnell in die Schlucht hinunterfliegen und war gerettet.«

Truthahngeier, die sich verlieben. Wir kennen das. Ich erspare Ihnen den Rest der Geschichte, die damit endete, dass meine Tochter einnickte, während erst ein, dann zwei Eier gelegt wurden. Sie schlief die restliche Nacht durch. Ich auch. Am nächsten Tag sprachen ihre Mutter und ich mit ihr über etwas, das ihr vielleicht mehr zu schaffen gemacht hatte, als uns klar gewesen war. Als wir unserer Tochter dabei halfen, den Stressfaktor zu benennen, fühlte sie sich erleichtert. Innerhalb einer Woche war der Ausschlag fast verschwunden. Es gab nicht eine weitere schlaflose Nacht.

Vielleicht war es die Medizin. Vielleicht hatte ihr Immunsystem einen Gang hochgeschaltet. Wer weiß? Die Krankheit ist mir noch immer ein Rätsel, aber es steht außerfrage, dass Ramona und Peter eine wichtige Rolle dabei spielten, meine Tochter in dieser Nacht zum Schlafen zu bringen. Und was noch wichtiger ist, die Geschichte förderte unsere Verbindung zueinander. Sie bot mir, dem unsicheren Vater, eine Möglichkeit, zu meiner Tochter Kontakt aufzunehmen, als ich mich hilflos fühlte. Das ist wirklich nicht zu unterschätzen.

Meine Tochter und ich verbrachten in den folgenden Wochen nicht wenige Stunden damit, die Geschichte von Ramona und Peter weiter auszuschmücken, die irgendwann zur Geschichte von Pal und Pam, ihren Küken, wurde. Der Luchs kam zurück, fiel aber in den Fluss und wurde patschnass. Wir lachten. Schließlich wurden wir des Themas überdrüssig und ließen es auf sich beruhen. Das Beste geschah aber, als wir einige Wochen später am Bone Canyon vorbeikamen. Ein Windstoß brachte zwei Geier in unser Blickfeld, die gerade aus der Schlucht heraus und über unsere Köpfe hinwegflogen. »Ramona!«, schrie meine Tochter. Ich lächelte. »Peter!«, sagte ich.

Erzählen ist ein wirksames Hilfsmittel für den Bindungsaufbau zwischen zwei Menschen, zum Beispiel zwischen Elternteil und Kind.

7. Lehrreiche Geschichten

Dank der Vertrautheit, die wir mit regelmäßigem Geschichtenerzählen schaffen, können wir unseren Geschichten allmählich immer mehr Tiefe und Bedeutung verleihen. In Kapitel 6 haben wir gesehen, wie Geschichten ein Kind in Not beruhigen können. In diesem Kapitel widmen wir uns Geschichten, die dabei helfen, die Aufmerksamkeit eines Kindes zu bündeln, um ihm wertvolle Lerninhalte zu vermitteln. Und was vielleicht noch wichtiger ist: Geschichten unterstützen ein Kind dabei, diese Lerninhalte auch zu *behalten*.

Erzählstrukturen bleiben im Gedächtnis. In zahlreichen Studien steigerten Geschichten im Vergleich mit auswendig gelernten Fakten die Fähigkeit eines Menschen, sich etwas zu merken, um 600 bis 2.200 Prozent. Im Gegensatz dazu, wie der Psychologe Hermann Ebbinghaus mit seiner berühmten (oder vielmehr berüchtigten) »Vergessenskurve« zeigte, vergessen wir fast 70 Prozent aller aufgenommenen Informationen innerhalb eines Tages. Ebbinghaus veröffentlichte seine Studie 1885; seine Ergebnisse konnten von anderen Forschenden zuverlässig reproduziert werden und legten damit das Fundament der Gedächtnisforschung. Die zentrale Erkenntnis lautet: Das Gedächtnis ist stark davon abhängig, wie Informationen aufgenommen und wie sie abgerufen werden. Aufmerksamkeit spielt dabei eine entscheidende Rolle, weil sie das Gehirn anweist, wo und wann Pfade für einströmende Informationen angelegt werden sollen. Wie wir jedoch alle wissen, ist Aufmerksamkeit eine begrenzte Ressource.

Geschichten gehören mit ihren Hauptfiguren, ihrer emotionalen Anziehungskraft, ihren ungewöhnlichen Handlungsverläufen und ihrer anschaulichen Sprache zu unseren wirksamsten Hilfsmitteln, um Aufmerksamkeit zu erlangen und zu binden. Das Ergebnis ist ein dichtes Informationspaket, das über mehrere Pfade in unseren Gedächtnisspeicher gelangt. Das macht es uns etwas einfacher, die Vergessenskurve zu schlagen.

Diese Zusammenhänge zu erkennen, fällt uns meist nicht schwer. Einer guten Geschichte schenken wir ganz von selbst Aufmerksamkeit, beim Gedanken an einen Vortrag am Nachmittag zucken wir dagegen zusammen. Kindern geht es da nicht anders. Wenn man ihre Aufmerksamkeit mit einer guten Geschichte fesselt, erinnern sie sich hinterher normalerweise daran. Aufmerksamkeit ist aber nicht der einzige Faktor, der aus Geschichten derart mächtige Gedächtnisstützen macht. Knapp zusammengefasst, gibt es noch drei weitere Faktoren: Chronologie, Wiederholung und Standpunkt.

Eine Erzählung hat eine chronologische Ordnung. Das ermöglicht uns, ein Detail (oder eine Information) in der Geschichte schnell wiederzufinden, weil wir uns daran orientieren können, was davor oder danach kam. Eine Geschichte hat eine inhärente Organisation. Im Gegensatz dazu ist eine lockere Sammlung von Fakten viel schwieriger abrufbar, weil ihr die innere Struktur fehlt. Shawn Callahan, Autor von *Putting Stories to Work*, berichtet über eine Studie von A. C. Graesser an der University of California, bei der Studierende eine Sammlung von zwölf Lektüren bekamen – einige davon erzählend, etwa die Geschichte von der Arche Noah, andere erklärend, zum Beispiel ein Eintrag aus

Geschichten gehören zu unseren wirksamsten Hilfsmitteln, um Aufmerksamkeit zu erlangen und zu binden.

einer Enzyklopädie. Die erzählenden Texte wurden doppelt so schnell gelesen und dennoch behielten die Studierenden doppelt so viele Informationen wie aus den erklärenden Texten.

Weil Geschichten oft unterhaltsam sind, wiederholen wir sie im Kopf ganz von selbst noch einmal, nur zum Spaß. Werden wichtige Informationen oder Lerninhalte strategisch in der Geschichte untergebracht, erinnert man sich jedes Mal daran, wenn man die Geschichte sich oder anderen noch einmal erzählt. Diese sogenannte »Neuroplastizität« ist das Rückgrat des Gedächtnisses. In seinem Bestseller *Neustart im Kopf* formuliert Dr. Norman Doidge es so: »Neuronen, die gemeinsam feuern, vernetzen sich miteinander.«[12] Mit anderen Worten, je häufiger Neuronen gleichzeitig aktiviert werden, desto stärker werden ihre Verbindungen untereinander und desto wahrscheinlicher ist es, dass wir uns an die Information später erinnern. Das Gegenteil gilt für Neuronen, die selten feuern. Nach recht kurzer Zeit beseitigt das Gehirn sie einfach, meist im Schlaf. Doidge nennt dieses Prinzip *»use it or lose it«* (»Was du nicht benutzt, verlierst du«).

Geschichten helfen uns, Aufmerksamkeit zu erlangen, versorgen uns mit einer inhärenten chronologischen Reihenfolge der Ereignisse und ermuntern uns, die Erzählung im Kopf noch einmal zu wiederholen und damit die neuronalen Inhalte in unserem Gehirn zu festigen. Ganz schön technisch eigentlich. Aber sie helfen auch noch bei einem weiteren Aspekt, den wir uns näher ansehen sollten: dem persönlichen Standpunkt.

Geschichten nehmen mit einzigartiger Wirksamkeit den Druck von Erzählenden und Zuhörenden. Absichtsvoll gerichtete Informationen, selbst wenn sie mit bestem Wissen und Gewissen liebevoll präsentiert und angenommen werden, neigen dazu, eine Dichotomie zu erzeugen: »ich und du« oder »wir und die anderen«. *Ich bin der Lehrer und du die Schülerin* oder *Ich bin der Elternteil und du das Kind.* Selbst unter den besten Umständen kann diese Konstellation Probleme verursachen.

Eine Geschichte wiederum richtet sich an niemand Bestimmten. Sie erschafft eine nützliche Fiktion in Form einer Erzählung in der dritten Person. Sie ist nur eine Geschichte. Die Informationen, die in ihrem Kontext präsentiert werden, geben einem Kind die Möglichkeit, sich zu fühlen, als hätte es sie selbst entdeckt. Um einmal aus dem *Daodejing* zu zitieren: »Der beste Herrscher ist der, dessen Existenz gar nicht bemerkt wird. […] Wenn die Arbeit des besten Herrschers getan ist, sagen die Leute: ›Das haben wir selbst getan.‹«[13]

Wenn Sie sich je mit Ihrem Kind (oder Ihrer Partnerin) über irgendeine kleine Aufgabe gestritten haben, wissen Sie, welche Kraft der persönliche Standpunkt entwickeln kann. Die Menschen bleiben oft daran hängen und der Informationsgehalt ist dahin. Stattdessen stecken wir plötzlich mitten in einem Machtkampf. Wenn Sie spüren, dass eine solche Situation naht, versuchen Sie, eine Geschichte zu erzählen und Ihre Information oder Ihren Wert in die Erzählung einzubauen.

Tatsächlich können wir auf diese Weise Lerninhalte vermitteln: indem wir nämlich Geschichten erzählen. Zuerst wecken wir die Aufmerksamkeit eines Kindes mit einer interessanten Figur oder einer spannenden Handlung. Falls wir schon eine Geschichtenroutine etabliert haben, wie in Kapitel 4 (»Finden Sie Ihren Rhythmus«) vorgeschlagen, wissen wir, wie wir im Handumdrehen ins Geschichtenland kommen. Indem wir ein Objekt oder eine Aktivität mit Wiedererkennungswert in unsere Geschichte einbauen, wie es in der Geschichtenschleife beschrieben wird, verknüpfen wir die Aufmerksamkeit des Kindes unmittelbar mit einem echten Ort in der sehr realen Welt. Mitten in unserer Geschichte lenken wir diese Aufmerksamkeit dann auf ein relevantes Thema, vielleicht auf das Lesenlernen oder einen bestimmten Wert, den wir vermitteln wollen. Mit anschaulicher Sprache, Tempowechseln und plötzlichen Ereignissen sorgen wir dafür, dass die Geschichte spannend bleibt und wir die Aufmerksamkeit des Kindes nicht verlieren.

Zusätzlich bauen wir überall in der Geschichte oder auch nur an einer oder zwei Schlüsselstellen einprägsame Wörter, Fakten oder Lerninhalte in die Einzelheiten der Geschichte mit ein. Das kann ganz offen geschehen, à la »… und die Moral von der Geschicht'«, aber oft auch ganz nebenbei, zum Beispiel durch eine Botschaft an einer Mauer oder ein Gähnen und Strecken der wachsenden Zelle, das den Prozess der Mitose veranschaulicht. Wenn wir die Geschichte beenden, schließen wir die Schleife und kehren mit einer neuen Brille in die reale Welt zurück, durch die unser Kind schwierige Materie verstehen *und* behalten kann.

Das klingt im ersten Moment vielleicht kompliziert, ist in Wahrheit aber unschlagbar einfach, denn die Menschen machen das schon seit 60.000 Jahren so. Ein Beispiel: Einer Gruppe Kinder, die sich um den »einen« Stock oder die »eine« Puppe zanken, kann man eine Geschichte über eine Gruppe von Tieren mit ganz ähnlichen Problemen erzählen. Wenn wir die Figuren teilweise respektvoll und teilweise auch respektlos miteinander umgehen lassen, hat jedes Kind die Möglichkeit zu erkennen, wie solche Handlungen sich auf andere und auf die Gruppe als Ganzes auswirken. Bei kleinen Kindern erreichen wir damit oft wesentlich nachhaltiger, dass sie Verständnis und Bereitschaft zur Zusammenarbeit zeigen, als wenn wir Rüffel oder Anweisungen verteilen würden, was eher isolierend und trennend wirkt (persönlicher Standpunkt) und zu weiterem defensivem Verhalten führt.

Indem wir Geschichten erzählen, können wir außerdem Aktivitäten und Emotionen simulieren, die im wahren Leben teilweise zu gefährlich oder qualvoll wären. Diese Simulation ist für sich genommen schon eine Form der Anleitung, die wir aus vielen Märchen und Gruselgeschichten kennen, aber auch aus modernen Filmen, den Tragödien von Shakespeare oder den alten Griechen. Indem wir Handlungsstränge verfolgen, die uns sonst überfordern würden, gewinnen wir neue Blickwinkel auf schwierige Situationen, in die wir irgendwann vielleicht auch selbst einmal geraten könnten.

Auch akademischer Unterricht profitiert von der Unterstützung durch Geschichten. Als Joe seiner ersten Klasse das Lesen beibrachte, suchte er nach einer Gedächtnisstütze, um die Vokale von den Konsonanten zu unterscheiden. Schließlich erzählte er eine Geschichte über zwei Freunde, Ayee und P-tip. Die merkwürdigen Namen verschafften ihm sofort die Aufmerksamkeit der Kinder. P-tip war ein Sänger, genauer gesagt ein Beatboxer, der seine Freunde mit kunstvollen Beats wie *bumm-tip, peh-peh, tip* unterhielt. Das kam großartig an und die lustigen Geräusche zogen die Kinder noch tiefer in die Geschichte. Doch eines Tages, als Ayee und P-tip schon fast erwachsen waren, stiegen sie auf einen hohen Berg und trafen dort auf einen Drachen. Fast wären sie gestorben, aber im letzten Moment zog Ayee P-tip in eine sichere Höhle. Zuvor hatte der Drache P-tip jedoch mit seinem Feueratem fürchterlich verbrannt. P-tip überlebte nur knapp, aber nach einer langen Erholungszeit kam er schließlich wieder zu Kräften. Leider konnte er nun nicht mehr beatboxen, weil seine Lippen vollkommen vernarbt waren. Er war deprimiert. Ayee war fortgezogen und lebte jetzt auf einem anderen Kontinent. Allmählich lernte P-tip das Singen neu, diesmal in der Kehle, und er nahm einen internationalen Tophit auf. Ayee hörte ihn das erste Mal im Radio. Er ging so: »Ayee, I owe you …«

Solche Geschichten bringen die Kinder zum Lachen, Schreien

und Singen. Hinterher hatten sie keine Schwierigkeiten mehr, sich die Buchstaben A, E, I, O, U zu merken, auch wenn die Geschichte gar nicht viel mit ihnen zu tun hatte. Interessanterweise gilt ein großer Teil dessen, was wir über das Geschichtenschreiben gesagt haben, ebenso für Lieder und Melodien. Eine Kombination aus beidem erschafft einen ausgesprochen ertragreichen Gedächtnisspeicher im Geist des Kindes, aus dem es nicht nur in Zukunft Erinnerungen abrufen kann, sondern auf dem es allmählich selbst aufbauen und neue Konzepte entwickeln kann. In Ayees Fall braucht es nur die Melodie »Ayee, I owe you« und die Kinder sind sofort auf Buchstabenerkennung und Leseverständnis eingestellt. Sie erinnern sich an die Geschichte, an die realen Lerninhalte aus dem Unterricht und vor allem an die Begeisterung und die Energie, die unseren Einstieg ins Thema auszeichnet, anstelle eines geseufzten »Na schön, Kinder, jetzt holt bitte die Arbeitshefte heraus«.

Geschichten gehören auch zu unseren wichtigsten Methoden, kulturelle und religiöse Werte weiterzugeben. Die meisten unserer religiösen Texte stecken voller Geschichten. Sie sind ein wesentlicher Teil jedes Feiertages. All das sind Informationen, die in die Ohren und Herzen der jüngsten Generation strömen. Als Eltern und Betreuungspersonen können wir diese klassischen Geschichten zum einen wortwörtlich wiederholen. Wir können auch an die schon bekannten Handlungen anknüpfen und auf diese Weise Botschaften und Werte herauskitzeln, die für unsere Kinder zu diesem speziellen Zeitpunkt besonders nützlich sind.

In erzählten Geschichten liegt die einzigartige Kraft, einem Kind dabei zu helfen, den größten Ereignissen im Leben einen Sinn zu geben.

Auch vor Initiationsriten (Verlust des ersten Milchzahns) und schwierigen Ereignissen (Wegzug einer Freundin) können Geschichten einem Kind sehr helfen. Als Eltern sind viele von uns darauf trainiert, in solchen Situationen nach dem richtigen Buch oder dem richtigen Video zu suchen. Daran ist nichts verkehrt. Wir profitieren von Geschichten in allen möglichen Formen. Aber wenn wir die Wirkung von Geschichten erkannt und Zeit aufgebracht haben, um mit unseren Kindern die davon ausgehende Nähe und Behaglichkeit zu pflegen, erkennen wir vielleicht, dass in erzählten Geschichten die einzigartige Kraft liegt, einem Kind dabei zu helfen, den größten Ereignissen im Leben einen Sinn zu geben. Das klingt vielleicht einschüchternd, aber wenn wir mit Geschichten vom kleinen Bären für die Zweijährige angefangen haben, ist es kein so großer Sprung mehr zu Geschichten über das Erwachsenwerden für die Vierzehnjährige.

★ ÜBUNG 12: *Bauen Sie eine Botschaft ein*

Denken Sie an eine einfache Botschaft oder Lektion, die Ihr Kind sich merken soll, zum Beispiel Spielsachen wegräumen, andere nicht schlagen oder den Namen eines einheimischen Vogels. Egal was. Nehmen Sie etwas, das Ihnen am Herzen liegt. Achten Sie aber darauf, dass der Kern sich in einer einfachen Botschaft oder einem einfachen Satz transportieren lässt. Nun erzählen Sie eine Geschichte, in der diese Botschaft auftaucht, vielleicht als Graffiti an einer Höhlenwand oder in den Worten einer weisen, geheimnisvollen Eule. Denken Sie daran, sie kann im Mittelpunkt der Handlung stehen, aber genauso gut auch ganz nebenbei auftauchen.

ÜBUNG 13: *Bauen Sie einen Kontext ein*

Einen Wert oder eine Lektion in den Kontext oder Rahmen einer Geschichte einzubetten ist ein wirkungsvolles Instrument, jemandem etwas beizubringen. So kann eine Geschichte über religiöse Toleranz ganz offen von einem jüdischen Jungen handeln, der Chanukka mit seiner christlichen Freundin feiert, oder umgekehrt. Solche Geschichten können wunderbar sein, wirken gelegentlich aber auch etwas plump. Selbst wenn die Hauptfiguren Verständnis und Versöhnung erzeugen, vermittelt die zugrunde liegende Botschaft, dass dieses Verständnis in der Kultur insgesamt fehlt. Alternativ lässt sich mit einer Geschichte über ein Dorf, in dem der Kerzenmacher mit Hochdruck grüne und rote Weihnachtskerzen und blaue und weiße Chanukkakerzen herstellt und wo es dann zu einer unglücklichen Verwechslung oder einem lustigen Missgeschick kommt, Ihrem Kind dieselbe Botschaft vermitteln (wir feiern Diversität), aber ohne den Konflikt in den Mittelpunkt zu stellen. Zum Schluss haben dann vielleicht alle regenbogenfarbene Kerzen.

BEISPIELGESCHICHTE

Der Urangi Riteter

Von Joseph Sarosy

Die Geschichte entstand eines Tages, als meine erste Klasse lernte, Wörter zu buchstabieren. Sie waren frustriert. Ich war frustriert. Keiner von uns hatte noch Lust. Aber wenn ich zuließ, dass wir so gestresst aufhörten, würde es den Kindern – und mir – schwerfallen, ohne inneren Widerstand später dort anzuknüpfen. Stress und Frustration sind wie Kobolde im Klassenzimmer – sie fressen all unsere Aufmerksamkeit. Beflügelt von einem guten Geist erzählte ich diese Geschichte.

»›Eure Majestät! Eure Majestät!‹, rief der Page, als er in den Thronsaal gerannt kam. Er wedelte mit einem Stück Pergament. ›Diese Botschaft war ans Schlosstor genagelt.‹

›Was steht denn drin?‹

›Ich weiß es nicht, Eure Majestät. Ich kann nicht lesen.‹ Er hielt dem König die Botschaft unter die Nase, aber der schob sie weg. Der König war ein guter und rechtschaffener Mann, aber er konnte ebenfalls nicht lesen. (Diese Geschichte trug sich vor langer Zeit zu, als noch nicht so viele Leute lesen konnten wie heute.) ›Zeig sie dem Prinzen!‹, sagte der König, denn der Prinz hatte bei einem fernen Zauberer studiert.

Der Prinz, der noch ein junger Mann war, nahm das Pergament in die Hand. Stille breitete sich im Saal aus, während er sich mit den Buchstaben abmühte – er lernte noch nicht sehr lange Lesen. ›Ähm … äh‹, stammelte er und zerknitterte das Pergament vor Anstrengung in seiner Hand.

›Sag schon, was steht drin?!‹, brüllte der König.

›Ich glaube, ich glaube …‹, sagte der Prinz und fing an, die Buchstaben vorzulesen. Alle beugten sich etwas näher heran. ›Ich glaube, da steht: I … ich … k-kom…me … Ich komme … in zett, nein, in zw-zwe…zwei … Ich komme in zwei …‹

›Ich komme in zwei?‹, schrie der König. ›Wer? Wer?! Und was soll das überhaupt bedeuten, in zwei?!‹ Der König regte sich immer sehr schnell auf.

›Warte‹, sagte der Prinz. ›Ich komme in zwei … Ta-Tagen. Ich komme in zwei Tagen!‹

›Er kommt in zwei Tagen? Wer? Himmel noch mal! Steht da kein Name auf dem Pergament?‹

›Warte‹, sagte der Prinz, ›hier steht einer. Er hat unten unterschrieben.‹ Wieder beugten sich alle Ritter und Höflinge des Königs nach vorn. ›Es ist unterschrieben mit … Der … Der … Uran-gi … Ri-te-te-r … Der Urangi Riteter!‹

›Der Urangi Riteter?‹, sagte einer der Ritter mit einem Ausdruck von großer Furcht auf dem Gesicht. ›Wer ist das, um Himmels willen?‹

Alle im Saal sahen sich um. Der Urangi Riteter? Das klang nach einem Monster, einer riesigen, haarigen Bestie, die das Schloss zerstören und die Kinder fressen wollte. Verzweiflung machte sich breit. Alle wurden bleich und der tapferste Ritter von allen versuchte, sich hinauszuschleichen, bis der König in guter alter Königsmanier mit dem Handrücken nach der Wache in der Rüstung zu seiner Rechten schlug – bo-oi-ong – und mit der Faust auf den Tisch haute. ›Wir sind keine Feiglinge‹, sagte er. ›Ritter, holt eure Rüstungen. Jeder verfügbare Reiter soll so schnell wie möglich in den Schwarzen Wald reiten. Wir müssen ihn finden‹, und nun klang seine Stimme bedrohlich, ›den Urangi Riteter.‹

Stille. Dann rangelten plötzlich alle im Raum um die Waffen, einen letzten Happen vom Tisch und ein paar Worte mit dem König und drängelten sich schließlich durch die Tür. Der junge Prinz ging zu seinem Vater. ›Vater‹, sagte er, ›ich will auch mitreiten. Ich muss den Urangi Riteter jagen.‹

›Nein, Sohn‹, sagte der König, ›du musst hinter den Schlossmauern in Sicherheit bleiben. Wer weiß, was für eine Bestie dieser verfluchte Urangi Riteter ist! Drei Köpfe. Fünfzehn Beine. Ein halbes Dutzend Schwerter. Vielleicht ist er sogar ein Geist …‹ Er hielt inne und schüttelte dann den Kopf. ›Nein, wir können das nicht riskieren. Du bleibst hier bei mir.‹

Der König ließ nicht mit sich reden. Der Prinz ließ den Kopf hängen und trottete aus dem Saal, während die Diener und halb angezogenen Ritter durch die Korridore schepperten.

Den ganzen Tag lang bis zum nächsten Morgen suchten die Ritter des Königs nach einer Spur des Urangi Riteter. ›Er ist bestimmt drei Meter hoch‹, sagte ein Mann. ›Mit Armen so dick wie Kanonenrohre‹, ergänzte ein anderer. Jeder einzelne von ihnen hatte furchtbare Angst. Aber niemand fand etwas.

Am späten Nachmittag des zweiten Tages legte der junge Prinz mit Kühnheit und Zuversicht im Herzen die Rüstung eines niederen Ritters an und ging zu den Ställen. ›Wer da?‹, fragte der Stallmeister. ›Ich dachte, es wären alle schon ausgeritten. Nun ja, Ihr werdet Euch mit dem alten Humpelpumpel begnügen müssen. Ein anderes Pferd habe ich nicht mehr.‹

›In Ordnung‹, erwiderte der Prinz mit verstellter Stimme. Der

Stallmeister stutzte und spitzte die Ohren, dann schüttelte er den Kopf und ging zu Humpelpumpels Box. Als er ihn hinausführte, humpelte das Pferd bei jedem dritten Schritt, aber es schaffte es bis zum Prinzen. ›Beeilt Euch lieber‹, riet der Stallmeister. ›Der König mag keine Nachzügler.‹

Der Prinz brauchte länger zum Wald, als er gehofft hatte, aber als der Abend dämmerte, war er schon tief im Schwarzen Wald. Moos und Flechten hingen von den Ästen wie die Haare alter Hexen. Seltsame Gerüche schienen aus dem Boden auszudünsten und die Schritte des lahmenden Pferdes klangen, als sei der Boden darunter hohl. Bald überkam den Prinzen eine große Furcht. Er hatte einen Fehler gemacht. Er würde den Urangi Riteter nie finden und selbst wenn, was würde er dann tun? Das Monster würde ihn wahrscheinlich mit einem Schlag töten. Er ließ das Pferd anhalten. Er wollte gerade umdrehen, als er mitten in der Bewegung erstarrte. Nicht weit vor ihm sah er plötzlich ein geheimnisvolles orangefarbenes Leuchten.

›Brr‹, sagte der Prinz leise zu seinem Pferd. Aber das Pferd hörte nicht. Es bewegte sich weiter und die metallenen Steigbügel und Sattelringe klimperten wie Weihnachtsglöckchen. Voller Angst starrte der Prinz auf das orangefarbene Leuchten. Das muss der Urangi Riteter sein, *dachte er,* irgendein Fabelwesen, eine wilde Bestie mit einem Schlangenkopf und dicken, schwarzen Klauen. *Es kam näher. ›Zuuurück‹, flüsterte der Junge dem Pferd zu. Das war das Kommando zum Rückwärtsgehen, aber die Beine des Pferdes zitterten zu stark. Auch der Prinz begann nun zu zittern und mit der Rüstung und den Steigbügeln und den Sattelringen schepperten die beiden ganz schön. Der ganze Wald begann in einem unheimlichen Licht zu erstrahlen und in einem letzten verzweifelten Versuch, all seinen Mut zusammenzunehmen, öffnete der Prinz sein Visier und*

schrie mit seiner unfreundlichsten Stimme: ›Halt! Wer da?‹, was aber nicht besonders unfreundlich klang.

Da trat jemand hinter den Bäumen hervor – der Orange Ritter? *Der alte Freund des Königs? Das konnte nicht sein!*

›Ah, der junge Prinz‹, sagte der weise alte Ritter.

›Wa…?‹, sagte der Prinz, der zu verwirrt war, um zu sprechen. ›Du bist nicht … der aber … bist du …‹ Dann riss er sich zusammen und fragte: ›Wo ist der Urangi Riteter?‹

›Der Urangi Riteter?‹, wiederholte der freundliche Ritter und lachte. ›Was soll das denn sein?‹

›Na, der Urangi Riteter‹, sagte der Prinz. ›Das muss so eine Art Monster sein. Er hat meinem Vater eine Botschaft geschickt, dass er heute kommt, um das Schloss zu zerstören und alle Kinder zu fressen.‹

›Die Kinder?‹, fragte der Orange Ritter und gluckste in sich hinein. ›Das klingt ja schrecklich.‹ Dann fragte er: ›War die Botschaft auf einem Stück Pergament geschrieben?‹

›Genau.‹

›Stand da: ›Ich komme in zwei Tagen‹*?‹*

›Genau!‹

›Wer hat sie gelesen?‹, fragte der Ritter.

›Ich‹, sagte der Prinz. ›Vater kann nicht lesen.‹

Der Orange Ritter brach in schallendes Gelächter aus. ›Oh, mein junger Freund‹, sagte er, ›wir werden viel Spaß zusammen haben.‹ Er klopfte dem jungen Prinzen auf die Schulter, dann nahm er die Zügel des alten Humpelpumpel in die Hand und die beiden machten sich auf den Weg zum Schloss.«

Als ich bei den letzten Zeilen der Geschichte ankam, wälzten sich meine Erstklässler vor Lachen am Boden und hielten sich die Bäuche. Ehrlich, es herrschte das absolute Chaos – wie in einem Zeichentrickfilm, wo die Figuren sich die Schuhe ausziehen und sich damit auf den Kopf schlagen. Als wir uns schließlich wieder beruhigt hatten, nahm ich an der Tafel ein paar Einzelheiten aus der Geschichte noch einmal auf. Der Urangi Riteter. Der Orange Ritter. Was für ein hanebüchener Unsinn! Inzwischen benutzen wir das als Schlagwort zur Erklärung, warum es beim Lesenlernen Wörter gibt, die nicht nach den bekannten Regeln funktionieren. Wir können solche Wörter »Sichtwörter« nennen und alle möglichen Methoden entwickeln, um sie zu lernen, aber jetzt haben wir in der Schule eine witzige Referenz für diese Ausnahmen. Wir können darüber lachen und den ganzen Sachverhalt in sechs Silben erfassen – Urangi Riteter. Die Leichtigkeit, die das in das schulische Lernen bringt, ist unbezahlbar.

8.

Geschichten für die ganze Familie

Wenn wir erkennen, dass es beim Geschichtenerzählen hauptsächlich um Beziehung geht, können wir die heilsame Wirkung fast überall einsetzen, nicht nur im Umgang mit Kindern. In diesem Kapitel laden wir Sie ein, das Geschichtenerzählen mit der ganzen Familie, der Nachbarschaft oder bei jeder beliebigen Zusammenkunft auszuprobieren.

Geschichten eignen sich wunderbar, um Bindungen zwischen den Generationen zu schaffen. Gestalten lässt sich das einfach als Geschichtenstunde mit der Kernfamilie, die problemlos um Großeltern, Tanten, Onkel, Cousinen oder Nachbarn erweitert werden kann. Ein solcher Geschichtenkreis kann eine sehr innige Zusammenkunft sein. Junge Kinder profitieren davon, den Geschichten der Älteren zu lauschen, und den Älteren tut es gut, die Geschichten der Kinder zu hören. Ein Mehrgenerationenkreis bietet uns die Chance, das Leben in all seinen Facetten zu sehen und Persönlichkeiten in unzähligen Ausprägungen. Wie bei den Eins-zu-eins-Geschichten liegt auch hier das Augenmerk darauf, Verbindung zu schaffen. Indem wir jedem Erzähler und jeder Erzählerin unsere volle Aufmerksamkeit schenken, bekommen wir etwas viel Tiefergehendes als die Erzählungen selbst. Wir knüpfen ein Band zwischen uns, dessen Wurzeln bis weit zu unseren fernen Vorfahren zurückreichen. Mit dem einseitigen Fokus eines Films oder einer Fernsehsendung lässt sich das schwer nachbilden, wie gut das Drehbuch auch sein mag.

Einen solchen Geschichtenkreis ins Leben zu rufen erfordert etwas Mut. Die meisten Erwachsenen denken, sie könnten keine Geschichten erzählen. Warum? Weil wir uns auf die Erzählung konzentrieren. Das macht uns tendenziell schüchtern und zurückhaltend. Deshalb können Kinder in so einem Kreis einen großen Unterschied machen, denn Erwachsene verhalten sich ihnen gegenüber oft anders als anderen Erwachsenen gegenüber, etwa wenn sie Bewegungslieder mit ihnen singen. Ist das Eis erst mal gebrochen, genießen wir das meist sehr.

Suchen Sie zunächst einen Ort, an dem alle sich wohlfühlen – entweder einen ruhigen Platz im Haus oder vielleicht unter einem Lieblingsbaum. Achten Sie darauf, dass die Älteren gut sitzen und sich alle sehen können. Es sollte klar sein, dass alle zuhören, wenn eine Person etwas erzählt. Vielleicht muss diese Regel am Anfang einmal ausgesprochen werden. Unterbrechungen von außen können jemanden, der gerade seine Komfortzone verlässt, aus dem Konzept bringen, und wir wollen eine Umgebung schaffen, in der sich alle willkommen und wohlfühlen. Sie könnten selbst mit einer kurzen Geschichte anfangen und anschließend die Person links oder rechts von Ihnen bitten, eine eigene zu erzählen, und immer so weiter. Die ersten beiden Geschichten sind meist am schwierigsten; wählen Sie also die ersten Erzählerinnen und Erzähler mit Bedacht. Etwa ab der dritten Geschichte erkennen die Anwesenden aber in der Regel, wie wertvoll diese Form von Begegnung ist. Sie wird jedes Mal absolut einzigartig sein.

Eine andere Methode besteht darin, zusammen eine Geschichte zu erzählen. Einer beginnt und übergibt die Geschichte dann an den Nächsten. Diese Person spinnt die Geschichte fort und reicht sie wieder weiter. Während wir beobachten, wie bekannte Figuren über die Lippen verschiedener Erzählender reisen, können wir Persönlichkeiten in unendlich vielen Altersstufen und Formen beobachten. Manche Erzähler werden die Geschichte verlieren. Andere holen sie wieder zurück. Manchmal reichen ein oder zwei Sätze. Oft sind die Ausrutscher und Patzer das Lustigste an der ganzen Veranstaltung.

Eine regelmäßige Zusammenkunft dieser Art – selbst wenn es nur einmal pro Jahr bei Oma zu Hause ist – kann einen großen Einfluss auf die Vertrautheit in der Gruppe als Ganzes haben. Es heißt ja, dass eine Familie, die zusammen betet, auch zusammenbleibt. Vielleicht kann man es auch so formulieren: Eine Familie, die zusammen Geschichten erzählt, wird zusammen alt. Probieren Sie es statt mit einem Spiele- oder Filmabend mal mit einem Geschichtenabend. Schauen Sie, wie es läuft. Experimentieren Sie.

Einige Erwachsene werden zögern, bei einem so vielfältigen Geschichtenkreis mitzumachen. Der (vermeintliche) Druck, die coolsten Geschichten zu erzählen, kann bei ihnen das Gefühl äußerster Verwundbarkeit hervorrufen. In einer Welt, in der Zynismus und Distanziertheit hohes Ansehen genießen, ist es für manche Erwachsenen sehr schwierig, ihre verspielte Seite herauszulocken.

Manchmal schaffen wir das nur mit der Unterstützung der Kinder. Tatsächlich funktioniert jede Technik des Geschichtenerzählens in diesem Buch ebenso gut bei Erwachsenen wie bei Kindern, aber die meisten werden sich nicht darauf einlassen, wenn nicht die Gegenwart einiger Kinder den Einsatz erhöht. So können Erwachsene von Kindern lernen. Manchmal sind Kinder der einzige Zugang zum inneren Kind auch des mürrischsten Großen.

Wer bereit ist, etwas mehr zu wagen, kann dieselbe Art von Vertrautheit auch erleben, wenn überhaupt keine Kinder beteiligt sind. Schließlich gehört das Geschichtenerzählen ohnehin zu jedem Treffen unter Erwachsenen dazu. Es heißt nur nicht so, sondern hört sich wie folgt an: »Oh Mann, du wirst nicht glauben, was neulich passiert ist, als …« Geschichten auszutauschen ist so alt wie Tavernen, Märkte und die Teeküche im Büro. Warum? Weil das Geschichtenerzählen Nähe erzeugt.

Silke hatte eine ältere Freundin, Mary, die Krebs im Endstadium hatte. In den Monaten vor ihrem Tod war sie bei vollem Bewusstsein, konnte aber nur noch wenige Schritte aus dem Haus machen. Bald war sie bettlägerig. Wenn Silke sie besuchte, genossen die Freundinnen ihre gegenseitige Zuneigung, aber angesichts der Schwere der Situation fühlte sich das normale Geplänkel zu belanglos an. »Erzähl mir eine Geschichte«, bat Mary oft.

In Kapitel 7 haben wir gezeigt, dass Geschichten für Eltern und Lehrkräfte von einzigartigem Nutzen sind, wenn sie wichtige Lerninhalte vermitteln wollen. Geschichten ermöglichen ihnen, die typischen (Macht-)Konstellationen zu vermeiden, die manchmal Konflikte oder Unbehagen mit sich bringen. Dasselbe gilt auch in vielen anderen Situationen wie Silkes Besuche bei Mary. Geschichten bewahren die Beteiligten vor der Peinlichkeit, etwas Unnötiges zu sagen oder zu wiederholen. Wir können uns einfach von der Vertrautheit der Geschichte halten lassen, ganz ohne praktische Agenda.

Diese Eigenschaft erzählter Geschichten ist so subtil und dabei so vielfältig, dass sie sich fast überall einsetzen lässt. Sie könnten sie beispielsweise beim nächsten Mal nutzen, wenn Sie eine Botschaft übermitteln möchten, von der Sie schon vorher wissen, dass sie nicht gut ankommen wird. Niemand hört gern, dass er etwas falsch gemacht hat, selbst wenn er derselben Meinung ist. Es ist nur menschlich, in solchen Situationen eine Verteidigungshaltung einzunehmen. Daraus resultiert aber, dass ein

Großteil unserer Aufmerksamkeit auf dem Machtkampf und anhaltendem Ärger liegt, selbst wenn beide Parteien sich über den Fehler einig sind. Wenn Sie die Botschaft aber in einer kleinen Geschichte verpacken können – dreißig Sekunden genügen oft –, bekommt die betreffende Person die Gelegenheit, den Fehler selbst zu entdecken. Das entschärft das nachklingende Unbehagen zwischen den Parteien. Führungspersönlichkeiten, die diese Technik meistern, sind unglaublich erfolgreich. Sie können ihre Angestellten, Schülerinnen und Schüler, Gefolgsleute kritisieren und gleichzeitig ihren guten Willen fördern.

Ein guter Ausgangspunkt kann es sein, diese Erzähltechnik mit Ihrem Mann oder Ihrer Frau, mit Ihrer Partnerin oder einem engen Freund auszuprobieren. Sie können versuchen, eine wichtige Botschaft auf sanfte Weise zu vermitteln wie oben beschrieben, oder die Technik nutzen, um Verbindung und Nähe herzustellen. Das funktioniert genauso, wie es bei Ihrem Kind funktioniert. Wenn Ihre Beziehung wie bei den meisten Menschen läuft, gibt es gelegentlich wahrscheinlich auch mal eine Durststrecke. Wenn Sie das nächste Mal nach einem langen Tag im Bett liegen, sich gegenseitig erzählen, was zu Hause oder in der Arbeit passiert ist, und es vielleicht etwas schwierig finden, auf einen gemeinsamen Nenner zu kommen, hören Sie auf. Erzählen Sie stattdessen eine Geschichte. Geben Sie sich hin. Seien Sie authentisch. Seien Sie liebevoll. Beobachten Sie, was passiert.

Am besten funktioniert das, wenn Ihr Partner oder Ihre Partnerin mitmacht. Das ist wie ein kleiner, intimer Geschichtenkreis – vielleicht möchten Sie ja beide eine Geschichte erzählen. Wenn Sie an der Reihe sind, geben Sie sich dem Erzählen ganz hin. Nutzen Sie die Geschichtenschleife – bringen Sie etwas von Ihrem Tag in Ihre Geschichte ein, das Sie und Ihr Partner oder Ihre Partnerin wiedererkennen, fügen Sie ein paar skurrile

Erzählen Sie eine Geschichte. Geben Sie sich hin. Seien Sie authentisch. Seien Sie liebevoll. Beobachten Sie, was passiert.

oder fesselnde Einzelheiten hinzu und schließen Sie die Schleife, indem Sie sie in die Realität zurückführen. Beobachten Sie, ob sich etwas verändert. Wenn Sie mit Zuhören an der Reihe sind, schenken Sie Ihrem Partner oder Ihrer Partnerin Ihre Anwesenheit so rückhaltlos, wie Sie es mit Ihrem Kind machen würden. Hören Sie von ganzem Herzen zu. Nur einmal pro Woche gelebt, kann ein solches Ritual eine große Veränderung bringen, denn auch hier nimmt es den Eins-zu-eins-Druck aus Ihren Begegnungen. Von der Vertrautheit, die Sie dabei aufbauen, können Sie auch an den geschichtenlosen Tagen zehren.

Eine weitere Möglichkeit ist es, eine Geschichte beginnen und Ihren Partner oder Ihre Partnerin zu bitten, sie zu beenden. Experimentieren Sie. Finden Sie heraus, was funktioniert. Wenn Sie glauben, Sie würden für einen solchen Vorschlag ausgelacht, könnten Sie auch ohne Ankündigung ins Geschichtenland eintauchen. Eine Geschichte ist meist kraftvoller als die Erklärung, warum Geschichten kraftvoll sind. Wenn Sie das nächste Mal bemerken, dass Sie beide Schwierigkeiten haben, eine Verbindung zueinander zu finden, springen Sie einfach ins kalte Wasser und beginnen mit: »Es war einmal …«

Für Neulinge klingen einige dieser Vorschläge sicherlich absurd oder zumindest so, als seien sie schwer umzusetzen. Wenn wir aber mit einfachen Geschichten beginnen wie denen, die wir normalerweise Kindern erzählen, wird der durchschnittliche Erwachsene kaum Probleme haben, die Techniken aus den letzten Kapiteln anzuwenden. Sich einem traurigen Kind zuzuwenden und einen Teil seines Leides mit einer tröstenden Geschichte zu lindern, wird fast zur selbstverständlichen Gewohnheit werden. Es wird uns überraschend leichtfallen, uns lustige und spannende Geschichten auszudenken, die unseren Kindern wichtige Botschaften über das Erwachsenwerden vermitteln. Vielleicht gelingt es uns auch, auf diese Weise einen Streit mit unserer besseren Hälfte zu entschärfen, bevor er eskaliert. Mit etwas Glück verstehen wir, dass das Geschichtenerzählen eine in der Entwicklung des Menschen begründete Verhaltensanpassung ist, um effizient Informationen vermitteln und Nähe erzeugen zu können – und uns damit ein nützliches Hilfsmittel auch für die Pflege von Beziehungen zu Freunden, Familie und Nachbarn aller Altersstufen an die Hand gibt.

ÜBUNG 14: *Gründen Sie einen Geschichtenkreis*

Laden Sie auf der nächsten großen Familienfeier, der nächsten Grillparty in der Nachbarschaft oder einer anderen Zusammenkunft alle zu einem Geschichtenkreis ein. Wer nicht möchte, muss nicht mitmachen, aber versuchen Sie unbedingt, die anwesenden Kinder mit einzubinden. Sie werden das Eis brechen. Beginnen Sie mit einer Grundregel: Wenn jemand spricht, hören alle anderen zu. Wir empfehlen, für den Anfang zwei gute Erzählerinnen oder Erzähler auszuwählen. Die Erste könnte eine kurze Geschichte erzählen, das Wort an den Nächsten weitergeben und so weiter. Oder Sie entscheiden sich für eine gemeinsame Geschichte, die jeder ein Stück weitererzählt. Die ersten beiden Erzählenden haben es meist am schwersten, aber ab dem dritten oder vierten Beitrag werden die Beteiligten den Wert des Augenblicks erfassen: als eine Gelegenheit, aus vollem Herzen zu teilen.

★ ÜBUNG 15: *Erzählen Sie dem Feind eine Geschichte*

Diese Übung ist etwas für die ganz Mutigen. Uns ist klar, dass die meisten Menschen diese Herausforderung nicht annehmen werden, aber versuchen Sie einmal, sich vorzustellen, welchen Einfluss das Folgende auf ein angespanntes Verhältnis haben könnte. Finden Sie jemanden in Ihrem Umkreis, der Ihnen Stress verursacht. Das könnte ein Kollege sein, eine andere Mutter in der Schule oder jemand ganz anderes. Machen Sie keine große Sache daraus, aber wenn sich die Gelegenheit ergibt, versuchen Sie, dieser Person eine kurze Geschichte zu erzählen, die vor allem charmant ist. Sie sollte nichts mit Ihrer Konfliktquelle zu tun haben. Nur eine nette kleine Geschichte über eine Blaumeise oder was auch immer. Halten Sie sie kurz und einfach, damit Sie keine Angst vor dem Erzählen haben müssen. Es muss keine wilde, fantastische ausgedachte Geschichte sein. Sie können auch von etwas erzählen, das Sie erlebt haben und das Ihnen in diesem Augenblick relevant erscheint. Ein bis zwei Minuten reichen vollkommen aus. Beobachten Sie hinterher, wie Sie sich fühlen. Ist ein Teil der Spannung gewichen? Gibt es Veränderungen?

BEISPIELGESCHICHTE

Eine Weihnachtsgeschichte

Von Silke Rose West und Joseph Sarosy

Es war Heiligabend und während die Sonne hinter dem Horizont verschwand, fuhr ein Auto nach dem anderen in die Auffahrt. In der Feuerschale brannte ein Feuer, an den Wegen waren Teelichte aufgestellt. Schatten legten sich über die Berge und die Luft war kalt, aber heißer Cider wärmte unsere Lippen und Hände. Nachdem die roten Kerzen am Weihnachtsbaum vor der Tür angezündet worden waren, einer ebenso amüsanten wie gefährlichen Aufgabe, lud Silke alle Gäste zu einem Geschichtenkreis ein.

Man sah ihnen an, was sie dachten. Einige Gesichter leuchteten auf. Manche Gäste zuckten mit den Schultern. Die meisten setzten ein höfliches Lächeln auf, das ihre Nervosität verriet. Ein Kind strahlte, ein anderes versteckte sich hinter dem Bein seines Vaters. Tatsächlich kannten sich die meisten von uns nicht, weil wir auf unterschiedlichen Wegen mit Silke befreundet waren. Da waren die jungen Erwachsenen mit ihren Trommeln und den sanften Stimmen, die auf ein ausgelassenes, fröhliches Fest aus waren. Da waren die Eltern, die Heiligabend endlich mal ohne all den Kommerz feiern wollten. Da waren die Älteren und eine Familie aus der Stadt, deren Sohn vor über zwanzig Jahren in Silkes Kindergarten gegangen war.

»Ich erkläre das mal kurz«, sagte Silke mit ihrer Pädagoginnenstimme, ein übermütiges Lächeln auf dem Gesicht. »Einer von uns fängt eine Geschichte an und übergibt irgendwann an den Nächsten. Ihr erzählt so viel, wie ihr wollt, dann gebt ihr an die Person neben euch weiter. Wir werden dann schon merken, wann wir fertig sind.«

»Wir wollen lieber eine deiner Geschichten hören«, sagte einer der Erwachsenen. Einige lachten.

»Ich fange an«, meldete sich eine junge Frau, die das Prozedere schon kannte. Alle Blicke wandten sich ihr zu und sie begann. *»Es war einmal eine Weihnachtsfee, die beim Verteilen der Geschenke an die Menschen helfen wollte. Aber unterwegs verirrte sie sich.«*

Wir warteten kurz, aber es war klar, dass sie fertig war. Sie warf ihrem Nachbarn einen freundlichen Blick zu, einem mittelalten Mann in Halbschuhen und einer viel zu dünnen Jacke für so eine Veranstaltung im Freien. Mit den Händen tief in den Taschen sah er nach links und nach rechts und sagte dann: *»Da war ein Loch. Sie fiel hinein.«* Ein Kichern durchlief die Menge.

Als Nächstes war seine Frau an der Reihe, und sie spann die Geschichte mit lebhaftem Gesichtsausdruck weiter. *»Sie suchte nach einer Möglichkeit, wieder aus dem Loch herauszukommen. Es war sehr dunkel, also tastete sie die Wände ab.«*

»Können Feen nicht fliegen?«, fragte jemand. Ein paar Leute kicherten. Ein Augenpaar funkelte den Störenfried an. Ein Mann schabte mit der Schuhspitze über den Boden. Aber der Großteil des Kreises ließ den Blick als Zeichen der Unterstützung auf der Erzählerin ruhen. Im Großen und Ganzen war es eine freundliche Gruppe.

»Plötzlich fand sie eine Tür. Ähm, also, zuerst erkannte sie

nicht, dass es eine Tür war, aber sie konnte das Holz fühlen. Sie klopfte und es klang hohl. Also streckte sie die Hand aus und öffnete die Tür.«

Es entstand eine kurze Pause, als der ernste Mann neben der Erzählerin die Geschichte übernahm. Er war ebenfalls Erzieher und hatte wahrscheinlich schon mehrere Tausend Geschichtenstunden auf dem Buckel. Das hörte man in seiner Stimme, seiner Darbietung und an der Art, wie jeder Satz die Geschichte ein Stück mehr erleuchtete, so wie jemand, der durch ein Haus geht und die Lampen anmacht. Er sah die ganze Zeit zu Boden, aber als er fertig war, hatten wir etwas, mit dem wir weiterarbeiten konnten.

»Sie öffnete die Tür und trat in einen großen Raum. Auf einer Seite lag ein Haufen Geschenke, eingewickelt in buntes Papier, und auf der anderen Seite war eine weiße Treppe, die aus dem Raum hinausführte. Als sie sich umsah, war die Tür verschwunden. An der Wand hing ein kleiner Schlüssel. Sie griff nach ihm, aber jedes Mal, wenn ihre Hand in die Nähe des Schlüssels kam, zog er sich zurück, sodass sie ihn nicht zu fassen bekam. Frustriert setzte sie sich hin. Neben ihr stand ein kleiner Tisch und darauf lag eine handgeschriebene Nachricht.«

Jetzt waren alle neugierig. Der Mann, der mit dem Schuh über den Boden geschabt hatte, sah den Erzähler aufmerksam an. Alle warteten begierig darauf, dass er weitererzählte, aber stattdessen wandte er sich zu dem Mädchen rechts neben sich um und sah es freundlich an. Als es seinen Blick auffing, zog es den Kopf ein und verzog das Gesicht in freudiger Nervosität. Es erwiderte seinen Blick, sah dann auf den Boden und dann auf den Kreis aus Gesichtern, die gespannt warteten, was das Kind daraus machen würde. *»Sie las die Nachricht und da stand, sie soll die Treppe hochgehen.«*

»Mm-hm«, sagte eine alte Frau wie zur Unterstützung.

»Sehr gut«, sagte eine andere.

Das kleine Mädchen sah schüchtern zu der Frau neben sich hoch, einer Mittzwanzigerin, die zuvor statt »Weihnachten« stets von »Wintersonnenwende« gesprochen hatte. Sie starrte das Mädchen mit aufgerissenen Augen an und wandte sich dann zu den anderen um. *»Mit dem Zettel in der Hand ging sie zur Treppe. Als sie ihren Fuß auf die erste Stufe setzte, wurde diese rot. Verwundert hielt sie kurz inne und machte dann einen zweiten Schritt. Die nächste Stufe wurde orange. Dann kamen Gelb, Grün, Silber, Blau, Lila und Gold. Sie stieg immer weiter die Treppe hoch und die Stufen färbten sich in allen Farben des Regenbogens und magische Blumen rankten sich an den Stufen hoch. Sie war ganz erfüllt von Zauber und Staunen und stieg immer weiter, bis sie ganz oben an der Treppe einen wunderschönen Regenbogen aus allen Farben und in allen Formen sah, der aus der Treppe entsprang.«*

Sie gab die Geschichte nach rechts weiter. Ein großer, etwas fülliger Mann stand mit zusammengepressten Lippen neben ihr. »Die Kerzen gehen aus!«, rief jemand. Alle drehten sich um und tatsächlich, von den etwa zwanzig Kerzen am Baum brannten nur noch drei. Silke und eine weitere Frau zündeten einige wieder an, die der Wind prompt wieder ausblies. Schließlich gaben sie auf und kehrten in den Kreis zurück. Die Ablenkung hatte dem Mann mit dem Bauch reichlich Zeit gelassen, ein großes Unbehagen zu entwickeln. Plötzlich ruhten wieder alle Blicke auf ihm.

»Also«, sagte er und schürzte nachdenklich die Lippen, *»als sie oben ankam, erkannte die kleine Weihnachtsfee, dass sie oben auf dem Regenbogen stand. Der Himmel über ihr war dunkel und sie sah, dass der Mond und die Sterne ganz nah*

waren. Sie streckte ihre Hand so weit nach oben, wie sie konnte, und pflückte einen Stern vom Himmel.« Angenehm überrascht schien der ganze Kreis zustimmend zu lächeln.

Als Nächstes ergriff ein schelmischer kleiner Mann das Wort (zufällig derselbe, der dieses Buch schreibt), dem die Geschichte langsam etwas zu süßlich wurde. *»Als sie auf den Regenbogen hinabsah, war alles schwarz-weiß. Plötzlich war sie traurig. Sie wusste nicht einmal, warum. Vielleicht hatte es etwas mit dem Stern zu tun, aber sie wusste es nicht. Sie versuchte, ihn wieder zurückzuhängen, aber er blieb nicht am Himmel. Langsam ging sie die Treppe wieder hinunter und fragte sich, wo all die Farben geblieben waren. Als sie unten ankam, war ihr Herz schwer. Sie konnte sich kaum noch vorstellen, bald Geschenke zu verteilen. Außerdem steckte sie in einem Loch unter der Erde fest. Sie musste einen Weg hinaus finden.«*

»Sie ging mit dem Stern zum Schlüssel«, fuhr die Frau neben Silke fort. *»Als sie durch den Raum schritt, sah sie, dass auch die Geschenke nun schwarz-weiß waren. Alles im Raum war düster, aber sie war entschlossen, etwas dagegen zu unternehmen. Als sie zum Schlüssel kam, sprang er vom Haken und blieb an dem Stern kleben wie an einem Magneten.«*

Jetzt war Silke an der Reihe. *»Das kleine Mädchen, huch, ich meine die kleine Fee, hielt den Sternenschlüssel in der Hand und legte ihn dort an die Wand, wo die Tür gewesen war. Plötzlich sah sie sie wieder. Der Schlüssel passte ins Schloss und nach einer Drehung öffnete sich die Tür mit einem Klicken.«*

Silke drehte sich zu der alten Frau neben ihr. Jeder konnte sehen, dass sie nervös war. »Ich kann nicht … Ich bin einfach keine …«, sagte sie und sah Silke bittend an.

»Ich weiß!«, sagte der junge Mann neben ihr. *»Als sich die Tür öffnete, erstrahlten die Geschenke wieder in allen Farben.«*

Die alte Frau sah den jungen Mann dankbar an. »*Ja*«, sagte sie, »*und die Fee steckte sie alle in einen kleinen Sack.*«

»*Einen Sack aus Samt*«, ergänzte der junge Mann.

»*Einen Sack aus rotem Samt*«, sagte die alte Frau. Sie sah erfreut aus.

»*Sie trug den roten Samtsack, der sehr schwer war, durch die Tür, aber sie fühlte sich wieder viel leichter und fröhlicher. Als sie zurücksah, leuchtete die Regenbogentreppe wieder in allen Farben.*«

Der junge Mann und die alte Frau lächelten und wandten sich dann dem Kind zu ihrer Rechten zu.

»*Sie kletterte aus dem Loch und verteilte alle Geschenke*«, sagte das Kind.

»*Und als sie nach Hause kam*«, sagte die Mutter des Kindes, »*griff sie in ihre Tasche und fand dort den Stern. Das war ihr eigenes Weihnachtsgeschenk.*«

Wir alle lächelten. Die Geschichte hatte ihren natürlichen Schlusspunkt erreicht, als sie gerade wieder am Ausgangspunkt angelangt war. Sie war ein bisschen banal, aber das spielte keine Rolle. Sie hatte uns als Menschen zusammengebracht. Wir alle, die uns vorher fremd gewesen waren, verließen den Kreis mit etwas Neuem in unseren Herzen. Bald zerstreuten wir uns in unterschiedliche Richtungen, einige zum Feuer, andere holten Cider, wieder andere gingen die schwach erleuchteten Pfade hinunter. Am Weihnachtsbaum leuchtete eine letzte Kerze mit sanftem Schein durch die Zweige.

Der Zweck eines Geschichtenkreises ist nicht wirklich die Geschichte. Es ist die geteilte Nähe.

9.

Das Ende

Als Sie dieses Buch zur Hand genommen haben, dachten Sie vielleicht, beim Geschichtenerzählen gehe es darum, heiter verspielte Geschichten für Kinder zum Besten zu geben. Das ist auch nicht von der Hand zu weisen. Wir hoffen dennoch, dass Sie jetzt mehr im Geschichtenerzählen sehen: eine effiziente Vorgehensweise, um die gesamte Kindheit hindurch bis ins hohe Alter Informationen miteinander zu teilen und Nähe untereinander zu fördern.

Das wissen wir im Grunde, wenn auch unbewusst. Seit den Anfängen des *Homo sapiens* sind die Menschen fasziniert von Geschichten. Wir sind, wie Brian Boyd, Jonathan Gottschall und viele andere darlegten, im Lauf unserer Entwicklung zu Erzählenden und Zuhörenden geworden. Geschichten zu erzählen ist alles andere als belanglos, sondern vielmehr ein ausgesprochen nützliches Hilfsmittel, um in sozialen Kontexten Aufmerksamkeit zu erlangen, schwierige Erlebnisse zu simulieren und wesentliche Informationen zu verbreiten. Sehen wir einmal von unseren Sinnesorganen ab, nimmt unser Gehirn Informationen am besten in Form von Geschichten auf. Erzählen ist unsere wichtigste Methode, familiäre, religiöse und kulturelle Werte weiterzugeben. Durch Geschichten verleihen wir unserem Leben Sinn.

Von dem Moment an, in dem wir aufwachen, bis zu dem

Wir sind im Lauf unserer Entwicklung zu Erzählenden und Zuhörenden geworden.

Augenblick, in dem wir wieder schlafen gehen, hören oder erzählen wir täglich Geschichten, und das viele Male. Vielleicht nennen wir das nicht beim Namen, aber die meisten Worte, die wir sagen oder hören, kommen in Form einer Geschichte daher. Wenn wir abends ins Bett gehen, erzählt das Gehirn uns im Schlaf weitere Geschichten. Tatsächlich sind wir so gesättigt mit Geschichten, dass wir sie manchmal nur noch schwer erkennen, als sähen wir den sprichwörtlichen Wald vor lauter Bäumen nicht.

Die vielen Videos, Filme und Bücher, die dem durchschnittlichen Kind heute zur Verfügung stehen, haben zur Folge, dass sein Leben vielleicht stärker als je zuvor von Geschichten durchdrungen ist. Einige dieser Geschichten sind gut, andere schlecht. Zweifellos sind viele davon sehr fesselnd. Das führt dazu, dass viele Eltern, von denen die meisten selbst mit dieser Mediensättigung aufgewachsen sind, vom Geschichtenerzählen zu Recht etwas eingeschüchtert sind. Wir kennen vielleicht eine Handvoll Lehrerinnen oder Freunde, die wir für gute Geschichtenerzähler halten, aber gegenüber Unterhaltungsriesen wie HBO oder Disney strecken wir schnell die Waffen. Betrachten wir das Geschichtenerzählen lediglich als die Weitergabe einer Erzählung, ist diese Einstellung nachvollziehbar. Die meisten von uns haben nicht die nötige Vorstellungskraft, um mit *Frozen* zu konkurrieren. Warum also es überhaupt versuchen?

Es mag stimmen, dass *Frozen* komplexer ist als unsere simplen Geschichten vom kleinen Bären. Erkennen wir aber, dass es beim Geschichtenerzählen um die Beziehung zwischen Erzähler und Zuhörerin geht, öffnen wir damit ein Fenster für eine neue Betrachtungsweise. Einem Kind, das mit der vertrauten Atmosphäre regelmäßiger Geschichtenzeit aufgewachsen ist, fällt es nicht schwer, die Geschichten eines Elternteils von den

Geschichten zu unterscheiden, denen es woanders begegnet. In vielen Kontexten sind ihm die des Elternteils wahrscheinlich lieber. Solche Vergleiche werden jedenfalls nur selten nötig sein, denn sowohl Elternteil als auch Kind werden den Unterschied erkennen und spüren.

Dieses Buch soll Sie dazu inspirieren, sich die Tradition des Geschichtenerzählens zu eigen zu machen. Sie steht jedem Einzelnen von uns als Mensch zu. Das hat viele Vorteile: Gern werden sich Ihre Kinder in den Bann von Geschichten ziehen lassen, die nur im vertrauten Miteinander einer Familie entstehen. Aber genauso wichtig ist, dass Sie die Freude zurückerobern, die aus dieser kreativen Selbstentfaltung entsteht. Es geht nicht nur darum, wem oder was Ihr Kind seine Aufmerksamkeit schenkt, sondern darum, eine Möglichkeit zu schaffen, die Vertrautheit, Freude und den Ernst in unserem täglichen Leben auszudrücken. Geschichtenerzählen ist keine Einbahnstraße, sondern wechselseitig und schafft Beziehungen.

Der erste Schritt besteht darin, Sie selbst zu sein. Das ist Ihr Fundament. Es lohnt, sich die Zeit zu nehmen und ehrlich mit sich zu sein. Sie können keine Beziehung zu Ihrem Kind aufbauen, wenn diese Beziehung auf jemandem basiert, der Sie nur vorgeben zu sein. Bauen Sie kein Haus auf Sand, denn es könnte einstürzen wie ein Kartenhaus.

Der nächste Schritt: Beginnen Sie mit einfachen Geschichten. Am besten geht das, wenn Ihr Kind noch klein ist. Viel spricht dafür, seinem Kind vom ersten Lebenstag an Geschichten zu erzählen; versuchen Sie jedoch, nicht länger zu warten als bis zum Alter von drei oder vier Jahren. Früh anzufangen, macht das Geschichtenerzählen leichter und hilft Ihnen dabei, eine Routine zu entwickeln. Der wichtigste Aspekt Ihrer Geschichtenroutine besteht darin, einfach dranzubleiben. Geschichtenerzählen will geübt sein. Sie werden schlechte Tage haben und schlechte Geschichten erzählen. Das passiert auch uns noch ständig. Aber wenn Sie einen regelmäßigen Ablauf etabliert haben, macht die dadurch entstehende Nähe in diesem Augenblick jeden Patzer wett.

Mit der Geschichtenschleife werden Ihre Geschichten nicht nur voller Fantasie sein, sondern auch einen Bezug zum Leben Ihres Kindes haben. Das schafft Möglichkeiten für Spiel und Erinnerungen. Mit der Zeit können sehr ergiebige Geschichtenumgebungen entstehen, in denen viele Puppen, Spielzeuge, Orte, Gegenstände und Aktivitäten Ihr Kind an gemeinsam verbrachte Zeiten erinnern und zu weiterem kreativem Spielen veranlassen.

Durch anschauliche Sprache und einige der anderen Erzähltechniken aus Kapitel 5 (»Praktische Grundlagen«) können Sie Ihre Geschichten ausschmücken und ihnen mehr Tiefe verleihen. Machen Sie das regelmäßig, wird Ihr Kind Ihnen bald Stichworte liefern und Sie werden bemerken, dass Ihre Geschichten fast mühelos reifen.

Das allein wird schon zu unbeschreiblich intensiven Erlebnissen, regelmäßig wiederkehrenden, bedeutungsvollen gemeinsamen Momenten und lebenslangen Erinnerungen führen, die Sie und Ihr Kind wie Schätze hüten werden. Und wenn Sie mit Ihren Geschichten die ersten Gehversuche hinter sich haben, können Sie zusätzliche Bedeutung und Fülle in Ihr Leben bringen, beruhigen, Inhalte vermitteln und die Vertrautheit des Geschichtenerzählens in all Ihre Beziehungen einfließen lassen. Am Ende des Lebens zeigt sich genau wie am Anfang häufig ein erneuertes Interesse an der Macht einer einfachen Geschichte. Ein Ende gibt es nicht.

★ ÜBUNG 16: *Lauschen Sie Ihrer Geschichte*

Wir alle tragen in uns eine Geschichte darüber, wer wir sind. Wir sind schön, stark, schlau, sportlich, begriffsstutzig, verrucht, benachteiligt und vieles mehr. Wir haben viele Wesenszüge und Erfahrungen, die uns dabei helfen, unsere Geschichte zu schreiben, und manchmal widersprechen sich die Narrative. Welche Geschichten durchdringen Ihr Leben? Was für Worte richten Sie an sich selbst? Sind sie wahr? Wie und wann sind diese Geschichten entstanden? Können sie sich verändern? Was könnten Sie tun, um Ihr Kind dabei zu unterstützen, positive innere Geschichten für sein Leben zu entwickeln?

★ ÜBUNG 17: *Hören Sie Ihrem Kind zu*

Bitten Sie Ihr Kind, Ihnen eine Geschichte zu erzählen. Achten Sie auf die Themen, Bilder und Gefühle, die zur Sprache kommen. Urteilen Sie nicht vorschnell. Beobachten Sie nur. Wenn die Übung erfolgreich ist, könnten Sie daraus einen regelmäßigen Teil der Geschichtenzeit machen. Versuchen Sie, auf durchgehende Bilder oder Themen zu achten, die Ihr Kind mitbringt. Wovon lässt es sich begeistern? Was vermeidet es? Welche Figuren tauchen auf? Diese Übung kann Ihnen Einsichten in die Gedankenwelt Ihres Kindes verschaffen und Ihnen dabei helfen, Geschichten zu entwickeln, die es wirklich ansprechen.

BEISPIELGESCHICHTE

Schmetterlinge

Von Joseph Sarosy

Es war kurz vor den Sommerferien. Der Fluss führte reichlich Wasser und die Erde war grün. Silke, die Kinder und ich hatten im Wald Hütten aus Ästen und Zweigen gebaut. Dabei waren Hunderte Schmetterlinge um uns herumgeschwirrt und hatten sich an den weißen Blüten der wilden Johannisbeeren gelabt. Jetzt war es Zeit zum Mittagessen, und als wir es uns im Schatten bequem machten, tauschten Silke und ich Blicke aus, die besagen sollten: *»Du oder ich?«*

Ich lächelte und schüttelte den Kopf. Schmetterlinge. Mehr brauchten wir nicht. Als die Kinder ihre Lunchpakete verspeist hatten, machten sie ihre Rucksäcke zu, suchten sich einen bequemen Platz und nahmen ihre Zuhörhaltung ein. Wir hatten das schon unzählige Male gemacht.

»Also«, sagte ich, als die Unruhe abgeebbt war. *»Ich erzähle euch eine Geschichte. Es geht um eine Raupe.«* Ich machte ein entschuldigendes Gesicht und zuckte mit den Achseln. *»Ihr wisst doch, was eine Raupe ist? Im Prinzip so was wie ein Wurm, der sich immer wieder zusammenzieht und streckt. Unsere Raupe hieß Gertie. Gertie die Raupe.*

Gertie fraß für ihr Leben gern. Sie fraß Gras und Blätter, aber sie kam im Herbst auf die Welt. Sie fraß, soviel sie konnte, aber bald war nichts zu essen mehr da. Sie war ein bisschen traurig. Weil sie nicht wusste, was sie sonst tun sollte, kroch sie in ein Loch in einem Baum und machte es sich dort gemütlich. Draußen sah sie die grüne Erde braun und trocken werden. Sie wurde furchtbar müde. Einmal wachte sie auf und alles war weiß. Und kalt.«

»Es war Winter«, sagte eins der Kinder. »Schnee.«

»Mm-hm, genau. Winter. Puh, es war klingelklangelkalt. Killekullekalt. Also richtig eiskalt, und Gertie wusste nicht, was sie tun sollte außer Schlafen. Also schlief sie. Chrrrr…« Ich schloss die Augen und machte Schnarchgeräusche wie die Stooges. Einige Kinder lachten. Andere ahmten mich nach. Ich lachte auch. Silke lächelte. Der Wald. Ich hätte ewig so weitermachen können.

»Aber eines Tages wachte Gertie auf.« Ich sah nach links und rechts und machte ein ernstes Gesicht. »Schnüff-schnüff. *Irgendwas war anders. Sie spähte aus dem Loch und sah die helle Sonne. Ich weiß nicht warum, aber aus irgendeinem Grund beschloss sie, aus dem kleinen Fenster zu kriechen, dem kleinen Loch im Baum.* Oh! *Alles war grün. Überall. An den Büschen sprossen grüne Triebe aus den Zweigen. Die Gräser wuchsen grün aus den trockenen Stängeln vom letzten Jahr nach. Und es war laut! Gertie sah zum rauschenden Fluss, der durch den ganzen geschmolzenen Schnee viel Wasser führte. Und die Bäume. Meine Güte, die Bäume! Gertie brauchte nur hinzusehen und schon fing sie an zu sabbern wie ein großer alter Labrador. Ein Hund. Mit heraushängender Zunge und allem. Sie kroch hinunter und suchte sich einen Zweig.* Mm! *Das war vielleicht lecker!*

Gertie sitzt da also auf ihrem Zweig und mampft vor sich hin, als sie plötzlich einen Zweig auf der anderen Seite des Gebüsches sieht, der so komisch auf und ab wippt.« Ich drehte meinen Kopf zur Seite, als wollte ich über einen Zweig spähen. Stille. Ich legte den Kopf schief, als versuchte ich, einen besseren Blick zu erhaschen. *»Sie sah hinüber. Aber sie konnte nichts erkennen, also fraß sie weiter. Und wie sie da fraß, wippte der Zweig wieder, und sie sah wieder hin.«* Erneut spähte ich über die imaginären Zweige hinweg. Nichts.

»Also beschloss sie, mal da rüberzukriechen und nachzusehen, was los war. Sie raupte voran, wie man das eben muss, wenn man mehr Bauch als Füße hat, und gelangte schließlich zu dem anderen Zweig, der immer noch wippte.« Jedes Mal, wenn ich *wippte* sagte, wippte ich selbst ein wenig auf und ab, und einige Kinder machten es nach.

»Und da sah sie Greg. Greg war auch eine Raupe, genau wie Gertie. Und Gertie sagt zu ihm: ›Was machst du da?‹

›Ich?‹, fragt Greg, den Mund voller saftiger Blätter.

›Ja, du‹, sagt Gertie.

›Oh, ich fresse hier nur Blätter. Du weißt schon. Ganz entspannt.‹

›Mm-hm‹, sagt Gertie, ›ich weiß, was du meinst.‹

›Genau.‹

Tja, und ab da sind sie Freunde, Gertie und Greg. Und der ganze Wald wird immer grüner und grüner und grüner. Mann! Das reinste Raupenparadies.«

Ich möchte an dieser Stelle kurz innehalten und etwas Offensichtliches ansprechen: dass nämlich bisher nicht wirklich etwas passiert war. Die Geschichte war so langweilig wie nur irgendwas. Aber die Kinder waren im siebten Himmel. Ich sprach mit lustigen Stimmen, legte Pausen ein und machte Blödsinn, und sie waren aus demselben Grund davon hingerissen wie ich. Wir sind Freunde. Die Geschichte war fast egal. Es reicht, im Schatten unter einem Baum zu picknicken und jemandem zuzuhören, dem man vertraut. Außerdem kannten sie meine Geschichten. Sie wussten, dass sie schon irgendwo hinführen würde. Vorfreude ist die schönste Freude.

»Eines Tages wurde Gertie schließlich müde. Also so richtig müde. Sie dachte: Hui, ich kann meinen Kopf gar nicht mehr oben halten. *Sie fühlte sich ganz wabbelig.«* Ich ließ den Kopf nach hinten und nach vorne kippen. *»Also sagt sie sich – und sie weiß gar nicht, warum – aber sie sagt sich:* Ich hänge mich mal an diesen Zweig.« Ich zuckte mit den Schultern und sprach in einem anderen Tonfall weiter. *»Mensch, Gertie. Was machst du denn da? Aber Gertie hört nicht. Sie macht einfach weiter.*

Tja …« Ich ließ meine Stimme tief und ernst klingen. *»Das müsst ihr euch mal vorstellen. Ich meine, Gertie weiß gar nicht, was da passiert. Sie schläft ein und da wird ihr ganzer Körper ganz steif. Er ist ganz hart, wie ein Panzer. Sie hängt einfach da und bewegt sich nicht. Aber innen drin«*, und hier riss ich die Augen auf, *»innen drin ist ihr Körper ganz weich geworden. Das ist wie … wie Haferbrei da drin. Ganz weich und warm. Ich weiß nicht, was da los ist. Sie weiß auch nicht, was da los ist. Aber wisst ihr was, das ist wie der größte Zauber, den ihr je gesehen habt. Gertie ist ein hartes Etwas an einem Zweig und innen drin ein ganz weiches Etwas und ich weiß gar nicht mehr, wo Gertie eigentlich wirklich ist! So läuft das und das dauert eine ganze Weile. Und während sie schläft, hat sie einen Traum.«* Ich machte eine Pause und machte ein sehr ernstes Gesicht.

»Und wisst ihr, was in diesem Traum passierte?« Einige Kinder schüttelten den Kopf. Ich drehte meinen nach links und rechts und lächelte wehmütig.

»Hört zu. In ihrem Traum ist Gertie im Wald und trifft eine Fee. Feen fliegen, das findet sie toll. Die Fee kommt herunter zu ihr und sagt: ›Ich habe eine sehr wichtige Botschaft für dich, Gertie. Du hast eine große Aufgabe zu erledigen.‹ Gertie wird ein bisschen nervös, aber sie hört weiter zu. ›Gertie‹, sagt die Fee und wird ganz ernst, ›wenn du aufwachst, dann bittet Mutter Erde dich, auf die Kinder aufzupassen, damit ihnen nichts passiert.‹ Dann dreht sie sich um und fliegt davon. Gertie sieht ihr hinterher.

Knack … *Da wacht Gertie auf. Ihr ist, als wäre sie Monate fort gewesen. Oder Jahre. Aber in Wirklichkeit waren es nur ein paar Wochen. Das Geräusch, das sie geweckt hat, dieses Knacken, das war ihr eigener Körper. Versteht ihr, was ich meine? Ihr eigener Körper. Der macht einfach …* knack.

Puh, sie ist noch so müde. Und sie hat Angst. Schließlich gähnt sie und s-t-r-e-c-k-t *ihre Arme aus«,* hier machte ich die Bewegung nach. *»Und da … Moment mal. Irgendwas stimmt doch da nicht. Sie sieht auf ihre Arme hinunter und denkt: Warte mal, ich hatte doch gar keine Arme. Hä? Aber auf jeden Fall sind ihre Arme jetzt gar keine Arme mehr.«* Alle Kinder tauschten Blicke: *Sie ist ein Schmetterling,* sagten ihre Augen.

»Also, sie streckt ihre Arme aus, die jetzt Flügel sind, und sie ist irgendwie ganz durchnässt. Sie hängt da am Zweig und ist noch am Aufwachen und am Trocknen und sammelt sich. Könnt ihr euch vorstellen, wie das ist, wenn man aufwacht, nachdem man wochenlang geschlafen hat? Sie sieht sich so um und alles ist noch grüner als vorher. Das Gras ist jetzt ganz grün und die

Büsche sind nicht nur grün. Stellt euch vor, sie sind voller Blüten! Die Bäume sind groß und haben Blätter und geben Schatten. Der Fluss plätschert nicht mehr ganz so laut wie vorher. Und jetzt ist Gertie wach. Jetzt erinnert sie sich. Sie ist wieder da. Sie sieht die Büsche. Sie ist wunderschön. Sie ist stark.

Und wie sie da auf diesem Zweig sitzt, ich meine hängt, sieht sie wieder etwas. Der Zweig auf der anderen Seite, der, na ja, der wackelt wieder so. Sie legt den Kopf schief, um besser zu sehen. Dann zur anderen Seite. Aber sie erkennt nicht, was es ist. Schnüff-schnüff. Riecht aber lecker. Sie guckt wieder hin. Der Zweig wackelt immer noch. Sie sieht nicht genau, was das ist. Also beschließt sie, hinzukriechen, aber als sie das tut – wusssch!

Da wird ihr Körper in die Luft gehoben. Und als sie die Arme anzieht, da ist sie – sie ist – also, sie fliegt. Das ist das Herrlichste, was sie je getan hat. Sie gleitet einfach auf dem Wind dahin, zieht Kreise, dreht sich in der Luft. Der Wind bewegt sie, aber sie bewegt auch den Wind. Absolut fantastisch! Sie sieht den Zweig und zieht ihre Arme ein bisschen an, um hinunterzugleiten und zu landen. Überall sind Blüten, so hängende weiße Blüten, und sie duften fantastisch. Sie sieht genauer hin, ha!, und lacht. Das ist Greg! Er hängt an dem Zweig und krabbelt gerade aus etwas heraus.

›Greg!‹, sagt sie. ›Wo warst du?‹

›Ich?‹, fragt Greg mit großen Augen. ›Warte mal, Moment‹, sagt er. Er breitet einen Flügel aus und stellt ihn dann auf. ›Gertie! Ich hatte einen ganz tollen Traum. Ich habe geschlafen und dann kam eine Fee. Sie sagte, dass ich was tun muss.« Die Kinder warfen sich wieder Blicke zu.

›Echt?‹, sagte Gertie. ›Ich hab auch was geträumt. Hat sie … War es …‹

›Die Kinder‹, sagte Greg, ›ich soll auf die Kinder aufpassen, damit …‹

›Damit ihnen nichts passiert?‹, sagte Gertie. ›Ich hatte denselben Traum, Greg!‹«

Ich sah den Ausdruck intelligenter Überraschung auf den Gesichtern der Kinder, als ihre Münder sich zu einem stummen O formten. Jetzt wussten wir alle Bescheid. Ich, Silke, Gertie, die Kinder, Greg. Der Wald.

»Ihr wisst ja, was jetzt passiert. Sie sind jetzt Schmetterlinge. Gertie und Greg flattern umher. Überall sind große wilde Johannisbeersträucher. Die ganze Welt ist voller Büsche und Blüten und Nahrung und das ist alles so wunderbar und schmeckt so lecker. Und ich meine, na ja, sie flattern herum und überall sind Hunderte, vielleicht sogar Tausende dieser kleinen Schmetterlinge. Und Kinder sind da auch. Und die Kinder kommen vorbei und die Schmetterlinge flattern herum und passen auf. Versteht ihr? Sie passen auf die Kinder auf, damit ihnen nichts passiert. So läuft das. Und so bleibt das eine ganze Weile. Schmetterlinge. Kinder. Ganz entspannt. Tolle Sache.«

Ich hörte auf zu sprechen. Die Kinder sahen auf. Sie erkannten an meinem Tonfall, dass die Geschichte zu Ende war.

Man kann zweifellos der Meinung sein, dass diese Geschichte nicht viel taugt. Für die einen ist sie ein bisschen zu süßlich, für die anderen ist die Sprache nicht kindgerecht. Ich schlage nicht vor, dass Sie es auch so machen sollen. Das ist einfach meine Art. So bin ich. Ich mache gern Blödsinn und gebe den Kindern gern offenkundige Gründe, mich infrage zu stellen. Das bringt sie zum Kichern und erlaubt ihnen, meine Worte anzuzweifeln. Sie dürfen selbst entscheiden, ob die Geschichte einen dauerhaften wahren Kern hat. Ich hoffe, Sie fühlten sich beim Lesen dieses Buches genauso. Das Geschichtenerzählen gehört Ihnen. Die Methode, die wir hier beschreiben, ist ein hilfreicher Rahmen, aber innerhalb dieses Rahmens ist Platz für so viele unterschiedliche Weisen, sich auszudrücken, wie es Menschen auf der Welt gibt.

Als die Kinder nach der Mittagsruhe wieder in die Scharen von Schmetterlingen tauchten, leuchteten ihre Augen auf. Die Schmetterlinge flatterten herum, wie sie das zuvor auch getan hatten. Die Johannisbeersträucher hatten sich nicht verändert. Die Kinder hatten sogar gute Gründe, an der albernen Geschichte ihres Lehrers zu zweifeln. Aber um die Wahrheit ging es auch gar nicht. Es reichte, damit die Kinder sich fragten, wenn vielleicht auch nur für einen ganz kurzen Augenblick, ob ein Schwarm Schmetterlinge wirklich auf sie aufpasste. Oder vielleicht reichte es, um die Aufmerksamkeit eines kleinen Jungen auf den sehr realen Schmetterling zu ziehen, den er vorhin noch ignoriert hatte. Was aber unbestreitbar real war, das war der fühlbare Gemeinschaftssinn zwischen den Kindern, die gemeinsame Freude auf ihren Gesichtern und die liebevolle Anwesenheit des Lehrerteams, als wir unter den Bäumen hervor in den Schmetterlingsschwarm traten. Es war nicht einfach nur Fantasie.

Wirklichkeit
S.S. BOOT
Fantasie
Neue Wirklichkeit

Nachwort

Wir haben uns zum Ziel gesetzt, Eltern, Lehrenden und Betreuungspersonen dabei zu helfen, das Geschichtenerzählen zu nutzen, um dauerhafte Nähe zu ihren Kindern aufzubauen. Wir hoffen, dass dieses Buch Sie inspiriert. Wenn Sie noch keine Geschichten erzählt haben, laden wir Sie ein, den Sprung zu wagen und heute damit anzufangen. Durch nichts entwickelt sich Ihre Erzählkunst besser als durch regelmäßiges Üben. Die Übungen am Ende jedes Kapitels sind ein guter Ausgangspunkt, aber Sie dürfen auch einfach Ihrem Herzen folgen. Die Fähigkeit zum Geschichtenerzählen schlummert tief in Ihnen. Sie werden es merken, wenn Sie auf der richtigen Spur sind.

Über das Geschichtenerzählen gibt es natürlich noch viel mehr zu sagen, als wir es in diesem Buch tun. Wir wollten viel beschäftigten Eltern einen kleinen Einstieg in das Thema geben, mit einer einfachen Methode und einprägsamen Schritten. Ist uns das gelungen? Wir würden uns sehr freuen, von Ihnen zu hören.

www.howtotellstoriestochildren.com
facebook.com/howtotellstoriestochildren

Viel Glück!
Silke und Joe

Danksagungen

Dieses Buch ist die Arbeit vieler Geschichtenerzählerinnen und -erzähler. Wir danken allen Kindern, die ein Teil unserer Jahre des Erzählens waren. Danke an die Wichtel, die Erdenkinder und alle Lehrerinnen, Lehrer und Eltern, die unseren Weg gekreuzt haben. Wir danken unseren eigenen Kindern, unseren Eltern und unseren unbekannten Vorfahren, die diese Gabe möglich gemacht haben.

Besonderen Dank schulden wir Alison P. Brown, Amy W. Hope, Andrea B., Angela Prettie, Angelika Heikaus, Ayesha Candy Cruz, Beth Gallatin, Brandon Hubley und Jolie, Diedre, Nancy, Karleen, Matthew, Caroline und Jean, Brock Anderson, Chase, Rachel und Aldo Stearnes, Damon McLean, Dan Brodnik, Dana Klepper-Smith, Daniel Lodwig, Danielle Avdul, Danielle Freeman, Devin Powell, Diana Rico, Diane Singerman, Ed Neal und Sue Lewis, Emily Kedar, Emma Avalos und Seth Blowers, Erinn Kilcullen, Francis Scully, Freya Markowski, Gilbert Renault, Glen Carlberg, Grace Iverson, Inka Markowski, Irina Sels, Jai und Jan Cross, Jared Krause, Jenn Foley, Patrick Shaw, Jessica und Matt Jones, Joe Plummer, Joseph und Michelena McPherson, Kara Andresen, Karen Moravek, Katy McKay, Kendra Adler, Larry Wiesner, Lindsay E. Nance, Loretta Neal, Lou und Jane Brodnik, Malinda, Marcy Andrew, Margaret Brewster, Mari Tara, Marie Goodwin, Mark Dixon, Matthew Ryan, Michele Boccia, Michelle Williams, Mike Pumphrey,

Mirabai Starr und Ganga Das Little, Nancy McDaniel, Paola Marusich, Paul Rudy, Paul Wapner, Peter Brodnik, Philip und Patricia Cummings, Rachael Penn, Rae Halder, Renay Anderson, Renee Angele Mason, Roberta Sharples, Ron Boyd, Sally A. Boyd, Samantha Brody, Satyadev, Sena Rasun-Mahendra, Sevenup, Stuart Stein, Tracy Cates und Zwanet Hamming.

Danke an Jenny Kostecki-Shaw für all deine Hilfe. Danke an Bridget Wagner Matzie, die uns dabei half, das Buch zu etwas Bedeutsamem zu machen. Danke an Jane Friedman für ihre hervorragende Beratung. Und danke an Sarah Pelz und allen bei HMH, die aus diesem Buch einen wahren Schatz gemacht haben.

Quellenangaben

1 Berit Brogaard: »Parental Attachment Problems« (November 2016), https://www.psychologytoday.com/us/blog/the-mysteries-love/201611/parental-attachment-problems

2 Ed Yong: »The Desirability of Storytellers« (Dezember 2017), https://www.theatlantic.com/science/archive/2017/12/the-origins-of-storytelling/547502/

3 Brian Boyd: *On the Origin of Stories*. Cambridge, MA: Belknap Press, 2009.

4 David Sloan Wilson: *Darwin's Cathedral*. Chicago: University of Chicago Press, 2003.

5 Jennifer Aaker: *Lean In: Harnessing the Power of Stories* (2014), https://leanin.org/education/harnessing-the-power-of-stories

6 Romeo Vitelli: »When Does Lying Begin?« (11. November 2013), https://www.psychologytoday.com/us/blog/media-spotlight/201311/when-does-lying-begin

7 Ben Healy: »Gossiping Is Good« (Juli/August 2018), https://www.theatlantic.com/magazine/archive/2018/07/gossip-is-good/561737/

8 Cody C. Delistraty: »The Psychological Comforts of Storytelling« (2. November 2014), https://www.theatlantic.com/health/archive/2014/11/the-psychological-comforts-of-storytelling/381964/

9 Elena Renken: »How Stories Connect and Persuade Us« (11. April 2020), https://www.npr.org/sections/health-shots/2020/04/11/815573198/how-stories-connect-and-persuade-us-unleashing-the-brain-power-of-narrative

10 Pam Allyn: »10 Ways to Raise a Happy Child« (11. Juli 2013), https://www.psychologytoday.com/us/blog/litlife/201307/10-ways-raise-happy-child

11 Jonathan Gottschall: *The Storytelling Animal*. New York: Houghton Mifflin Harcourt Publishing Co., 2012

12 Norman Doidge: *Neustart im Kopf.* Frankfurt: Campus Verlag, 2008

13 Lao Tzu, Tao Te Ching. New York: HarperCollins Publishers, 2006

Über die Autorin und den Autor

Silke Rose West ist gebürtige Deutsche und lebt heute in Taos, New Mexico. Sie ist Waldorfpädagogin, arbeitet seit über dreißig Jahren als Erzieherin, war 1995 Mitgründerin der Taos-Waldorf-Schule und leitet heute den Waldkindergarten Taos Earth Children. Sie ist eine bekannte Geschichtenerzählerin und Puppenspielerin und berät pädagogische Fachkräfte und Bildungseinrichtungen.

Joseph Sarosy ist Autor und Pädagoge in Taos. Er schreibt für sein Blog offgridkid, das Magazin Fatherly und veröffentlichte das Buch *A Father's Life,* das es 2019 in das Finale der NIEA Awards schaffte. Er initiierte die Kampagne #Greatdad, die großartige Väter aus dem ganzen Land porträtiert. Gemeinsam mit Silke Rose West arbeitete er im Waldkindergarten Taos Earth Children und gründete 2018 eine jahrgangsübergreifende Grundschule, in der Kinder gemeinsam bis zur Mittelstufe sowohl im Klassenzimmer als auch den Bergen und Schluchten von New Mexico unterrichtet werden. Geschichten sind wesentlicher Bestandteil ihres Unterrichts.

»Ich wollte meinen Kindern Geschichten erzählen, aber ich hielt mich nicht für kreativ genug, mir selbst welche auszudenken. Dieses Buch hat mir den Druck genommen und die Sache erleichtert. Jetzt bitten sie ständig um weitere Geschichten und denken sich auch selbst welche aus. Ich bin so dankbar, dass ich dieses Buch gefunden habe, weil die Geschichten uns als Familie näher zusammenbringen.«

Christine, Mutter von Chloe (7) und Caroline (4)